Storie dal Sud

IV

collana diretta da
Gianni Custodero

Abele De Blasio

Altre storie di briganti

Prove di antropologia criminale

Introduzione
di Gianni Custodero

Capone Editore / Edizioni del Grifo

Le foto pubblicate in questo volume sono state tratte da:

GIANNI CUSTODERO e AGOSTINO PEDONE (a cura di), *L'Armata del Sud (Tipi militari dei differenti corpi che compongono il reale Esercito e l'Armata di Mare del Regno delle Due Sicilie)*, Capone Editore, Lecce 2003. (da pag. 153 a pag. 166)

ATTILIO ZUCCAGNI ORLANDINI, *Corografia fisica storica e statistica dell'Italia e delle sue isole corredata di un atlante di mappe geografiche e topografiche e di altre tavole illustrative. Introduzione ossia notizie generali fisiche e storiche sull'Italia,* Firenze 1845. (da pag. 208 a pag. 221)

Capone Editore
Via Prov.le Lecce-Cavallino, Km 1,250
73100 LECCE
Tel. 0832.612618 - 0832.611877 (anche fax)
Mailto: info@caponeditore.it
On line: www.caponeditore.it

Edizioni del Grifo
Via Vincenzo Monti, 18
73100 LECCE
Tel. 0832.394346 - 0832.394982 (fax)
Mailto: edizionidelgrifo@libero.it

ISBN 88-8349-019-3

Il secondo tempo

Molte cose sono cambiate dagli anni incandescenti del brigantaggio a quelli nei quali torna sul fenomeno Abele De Blasio, che pubblica a Napoli, nel 1908, il suo Brigantaggio tramontato *citato dal Molfese tra gli studi d'insieme sull'argomento. Il libro è interessante per diversi aspetti, non ultimo la sorprendente rapidità ed essenzialità della scrittura, insolitamente leggibile: è una prosa leggermente anticata che sa di resoconto più che di letteratura scientifica. Vi sono, soprattutto, fatti e personaggi da cronaca nera con venature da giallo. L'autore, del quale Cesare Lombroso, il padre dell'antropologia criminale, ha presentato la ricerca* Usi e costumi della camorra, *uscito nel 1895, ha pubblicato diversi lavori in materia. Scrive a distanza di sicurezza dagli avvenimenti anche se è inevitabilmente condizionato, se non dai residui risentimenti, dalla mentalità e dalla cultura del tempo. Non esita a riconoscere che nelle «associazioni o bande di malfattori [...] le tante volte entrava l'elemento politico» e che «il brigantaggio politico incominciò [...] al tempo del feudalismo» e «non venne contrastato e vinto dalla podestà regia», citando il «carissimo amico» Francesco Cascella, che l'anno prima aveva pubblicato le sue ricerche sociologiche ed antropologiche sul brigantaggio. Naturalmente tiene a ricordare che le bande «erano costituite da gente audace, brutale, che, oltre la vita, non aveva nulla da perdere, tutto invece da guadagnare». Definisce il suo lavoro "ricerche". «È materiale che esponiamo in tutta la sua nudità e che da anni stiamo esumando dagli archivi» sottolinea.*

Una notevole documentazione di prima mano, compresa la prova d'autore di un brigante alfabeta che «verseggiò la Bibbia» ed i testi dei biglietti per le estorsioni, accompagna notizie ricavate da confessioni o testimonianze nei processi e informazioni acquisite direttamente o indirettamente: è evidente che sulle versioni fornite è lecita qualche riserva, ma, nella sostanza, la rico-

struzione delle avventure dei vari personaggi sembra attendibile. Il De Blasio mira ad evidenziare le tare fisiche e psichiche che dimostrerebbero quelle tendenze malvage delle quali parlava il Lombroso: a questo scopo servono anche le immagini dei briganti che corredano il testo, alcune riprese proprio dal Cascella.

Protagonisti delle vicende presentate sono prevalentemente briganti del versante campano, ma non mancano richiami a quelli lucani ed allo stesso Crocco: particolare attenzione è dedicata a Giuseppe Caruso, già luogotenente del "generale", tipico esempio di pentito, premiato con la nomina a brigadiere delle guardie forestali. Ci sono Vincenzo Barone, ex soldato borbonico, che piantò la bandiera con i gigli sul Vesuvio, Nunzio Di Paolo, che imperversava tra Molise e Puglia, il "Crapariello", Antonio Apuzzo, attivo e nel Napoletano fino a Castellammare e ad Amalfi, "Pilone", per l'anagrafe Antonio Cozzolino, ex scalpellino, combattente con l'esercito borbonico a Calatafimi e costretto dalle persecuzioni della Guardia Nazionale a darsi alla macchia. C'è pure Alfonso Carbone, brigante fuori stagione tra luglio e settembre del 1868, definito dal Lombroso «fisionomia gentile del napoletano»: «era un delinquente d'occasione e non un delinquente nato» tiene ad annotare il De Blasio coerente con la lezione lombrosiana. Si racconta del sequestro del marchese Avitabile, presidente del Banco di Napoli, ed è riportata pure la notizia pubblicata dal "Roma" il 1 febbraio 1863; si parla di ricatti, di vendette, di fatti di sangue, di stupri, di omicidi ma anche di taglie favolose (addirittura ventimila lire, di allora, per Crocco e quindicimila per Ninco Nanco!). In quest'atmosfera da antica tragedia spunta un idillio «soave, verginale», come lo definisce l'autore, tra Carbone e la bella quindicenne Dora. «La vita dello spiatore dura poco» tiene a far sapere Cosimo Giordano, al quale è dedicato l'ultimo ampio capitolo. Ex militare borbonico, dopo aver scorazzato dal Matese alla Terra di Lavoro si era rifugiato nello Stato Pontificio, poi in Francia: tornato sulle sue montagne era stato catturato nel 1882. Con il suo processo alla Corte d'Assise di Benevento e la condanna ai lavori forzati a vita, «il dramma finì, il sipario calò su quel col-

pevole, pel quale il 25 agosto 1884 incominciò la espiazione»: la conclusione è una dei pochissimi tributi alle tentazioni dell'eloquenza forense.

Si dirà che dall'angolazione del De Blasio i briganti restano criminali e che il suo obiettivo è quello dell'antropologo che vuole individuare i delinquenti nati: lo stesso stare ai fatti, però, è un merito da non sottovalutare.

Certo, il brigantaggio è un fenomeno troppo complesso: la conferma è nello stesso fatto che si continua a discuterne fino ad investire la stessa identità italiana e l'esperienza dello Stato unitario.

Briganti, allora come partigiani e ribelli all'oppressione? Fu guerra civile quella che si è combattuta tra piemontesi e uomini del Sud nel primo decennio dopo l'unità d'Italia? Sono interrogativi ai quali, a distanza di oltre centoquarant'anni, non è ancora possibile rispondere con un sì o con un no.

La reazione legittimista per riportare sul trono Francesco II, «il figlio della Santa», che dovrebbe fare giustizia di vecchi e nuovi torti, è solo una delle motivazioni della rivolta che esplode nel Mezzogiorno almeno fino al fallimento dell'impresa di Borjès, nel dicembre del 1861. Ma già Pasquale Villari sosteneva che «il brigantaggio non nasce da una brutale tendenza al delitto, ma da una vera e propria disperazione» ed è «la protesta selvaggia e brutale della miseria contro antiche e secolari ingiustizie». Di «guerra civile di tipo irlandese» parla il Mack Smith ricordando che, secondo Massari agli occhi dei contadini «il brigante diventava qualcosa di diverso, un essere fantastico, un simbolo delle loro aspirazioni frustrate, il vendicatore dei torti da loro subiti»: era non «più l'assassino, il ladro, l'uomo del saccheggio e della rapina, ma piuttosto colui che aveva forza sufficiente per ottenere per sé e per gli altri quella giustizia che la legge non riusciva a dare». La fine del regno delle Due Sicilie aveva rappresentato anche quella della elementare economia di sussistenza che consentiva anche ai più diseredati di sopravvivere: i poveri si erano ritrovati ancora più poveri con i liberatori che avevano cominciato con l'imporre tasse e servizio militare obbligatorio: queste novità si intrecciavano con vecchi motivi di scontento, a cominciare dalla questione demaniale e dall'aspirazione alla terra sempre promessa mentre il doppio gioco di una parte notevole della nobiltà e della borghesia, almeno all'inizio, assicurava appoggi o alimentava illusioni.

La brutale repressione, con villaggi e paesi incendiati e distrutti, legge marziale, esecuzioni sommarie ed un esercito che arrivava a mobilitare fino a centoventimila uomini, aveva esasperato ancora di più gli ex militari borbonici sbandati, i ragazzi renitenti alla leva che si erano dati alla macchia, i contadini ed i pastori che reagivano ai soprusi ed alle mortificazioni o qualche ex garibaldino deluso.

Anche sulle cifre non tutto è chiaro. Secondo la relazione Massari, che nella parte finale del volume si riporta in ampi stralci, dal 1 maggio 1861 al 28 febbraio 1863 sarebbero stati fucilati 1.038 briganti, ne sarebbero caduti in combattimento 2.413 ed arrestati 2.768 mentre 932 si sarebbero consegnati. Il Molfese, però, dai dati riportati in documenti d'archivio e relazioni a stampa del Ministero della guerra e della Camera dei deputati, ha calcolato che i briganti uccisi dal secondo semestre del 1861 al 1865 sarebbero 5.212, quelli arrestati 5.044, quelli che si arresero 3.597. Ma si parla pure di quasi quattrocento bande, trecentoottantotto secondo la documentazione ufficiale, alcune composte da pochissimi (anche cinque e fino a quindici persone) altre che superano le cento unità: non si è lontani dal vero se si afferma che la mobilitazione ha visto fino a ottantamila uomini in armi.

Come ricorda lo stesso De Blasio, il brigantaggio nel Sud è stato per secoli un male endemico. La sua esplosione, però, tra il 1860 ed il 1865, che, con la scadenza della legislazione eccezionale segna la fine del grande brigantaggio, nonostante i sussulti ed i ritorni di fiamma che si prolungano almeno fino al 1870, presenta aspetti che vanno sottolineati.

Il ritorno della monarchia a Napoli, con Carlo di Borbone, era stato accolto con entusiasmo da tutti, a cominciare dal mondo della cultura. Non sembrano solo espressioni di circostanza quelle di Giambattista Vico, incaricato, per la cerimonia di apertura dell'anno accademico 1735, di rivolgere al sovrano il saluto e di manifestare il giubilo dell'Università per il recupero del regno.

L'ampiezza dei consensi dura fino al 1794 quando la scoperta della congiura giacobina determina la prima frattura tra il re e gli intellettuali. Il 1799, con la repubblica, spacca definitivamente in due il Paese. Dal ritorno di Ferdinando IV a Napoli in poi si realizza una strana alleanza tra re e popolo. Questa situazione allunga la sua ombra fino alla fine delle Due Sicilie; il governo borbonico, infatti, come scrive Giustino Fortunato, è sempre più in difficoltà «non potendo far capo all'aristocrazia, che già prima della rivoluzione aveva distrutta, né potendo far cieco assegnamento su la borghesia, che non esso ma il Murat avea spinta e menata al potere della cosa pubblica». L'ostilità di massoni, giacobini, murattiani, carbonari, liberali, radicali e mazziniani apre un baratro intorno alla corona e ai suoi fedelissimi. Le scelte paternalistiche ed il progressivo isolamento sul piano internazionale degli ultimi decenni completano l'opera. Inutilmente Ferdinando II prima e Francesco II poi tentano di recuperare i dissidenti ed i protagonisti della parentesi costituzionale del 1848: soprattutto gli esuli sono ormai più piemontesizzati degli stessi "piemontesi" che dopo il 1860 discesero al Sud.

«O briganti o emigranti» è la drammatica alternativa per i senzaterra e per i giovani in cerca di un futuro più umano, secondo Francesco Saverio Nitti mentre Giustino Fortunato pone l'accento sull'odio del contadino per la piccola borghesia ma anche sulle oscene intemperanze di questa che hanno favorito le reazioni prima, il brigantaggio dopo. «Briganti – scriveva Tommaso Pedìo – sono definiti coloro che si oppongono a forze regolari che, violando le più elementari norme di diritto internazionale, muovono alla conquista di un Regno senza che la loro azione militare sia stata preceduta da una formale dichiarazione di guerra» ma «anche i paria e i diseredati che si ribellano al sistema che non riconosce le loro aspirazioni e le loro rivendicazioni sociali».

Ma, al di là della storia, dei dibattiti e delle scelte di campo, al di là del facile revisionismo e della difficile ricerca di verità affiora un interrogativo di ancora più difficile risposta. Fino a che punto i briganti del Sud, rabbiosi ed ingenui protagonisti di battaglie perdute, occupano ancora un posto nella coscienza collettiva?

Certo, c'è qualcosa che non ci rende estranei questi contadini e pastori ribelli, passati dalla rassegnazione di sempre al ruolo di soldati e capitani di ventura in ritardo di secoli, disperati, inseguendo una remota speranza contro ogni speranza. Sono assolutamente improponibili, quindi, confronti con i criminali di oggi, più o meno organizzati: tra i fantasmi di un Mezzogiorno arcaico in rivolta e l'Aspromonte le distanze non sono solo di chilometri e di secoli.

«Spuntano ai pali ancora/ le teste dei briganti» ricordava, da lucano e da poeta, Rocco Scotellaro: «Ma nei sentieri non si torna indietro». Anche se qualche volta si ha l'impressione che la storia ripeta lo stesso copione.

Gianni Custodero

Introduzione

La moderna parola *brigante,* sostituita a quella di bandito, fuoriuscito, malandrino e smargiasso, ci fu, al principio del secolo XIX, regalata dai Francesi, e pare che abbia tratto origine da quelle compagnie svizzere di uomini d'armi, le quali, al dire del Liberatore, nel 1356, al tempo della prigionia di re Giovanni, servivano in Francia e vi commettevano rapine e depredazioni a danno di amici e nemici. Portavano una cotta d'arme detta *brigantina.*

Probabilmente in origine questi Svizzeri nella maggior parte provenivano da quella regione elvetica denominata Brigantia, che trovasi presso il lago di Costanza ed i cui abitanti avevano la prerogativa di fare scempio della roba altrui.

Le male signorie straniere, scriveva il Guiscardi, che per forza di armi s'impadronivano del Regno di Napoli, discacciandone l'ingiusto possessore per esserne poi a loro volta discacciate, e le discordie civili, che ne erano le inevitabili conseguenze, furono le principali origini di quelle associazioni o bande di malfattori, nelle quali le tante volte entrava l'elemento politico.

Il brigantaggio politico incominciò, come bene dice il nostro carissimo amico Francesco Cascella, al tempo del feudalismo, il quale nelle terre del Lazio, delle Maremme e del Mezzogiorno d'Italia non venne contrastato e vinto dalla podestà regia.

Nacquero allora le compagnie di ventura, che, per un dato tempo, si mettevano al soldo di governi indipendenti ed erano costituite da gente audace, brutale, che, oltre la vita, non aveva nulla da perdere, tutto invece da guadagnare.

Attorno ad essa si adunava un numero più o meno grande d'altri perduti e così si formava la compagnia o banda, la quale erigeva un'insegna a capriccio e prendeva un nome convenzionale.

Noi ci occuperemo in queste ricerche a preferenza delle più rilevanti gesta di quelle bande brigantesche, che dal 1860 al

1866 infestavano il nostro Mezzogiorno e che non ancora sono state studiate.

È materiale che esponiamo in tutta la sua nudità e che da anni stiamo esumando dagli archivi.

Napoli 1908

a. d. b.

Chiavone

G. V. e C. S., appartenenti alla banda Barone

La banda Barone

Lungo la via che conduce al Campo di Marte, verso le ore 10 a. m. del 14 giugno 1861, si vedeva camminare un tale che dall'aspetto sembrava essere di civile condizione.

Dal continuo stare coll'orologio alla mano si deduceva essere affetto da impazienza. Alle 11 precise guardò nuovamente l'orologio e poi si lasciò scappare di bocca: «Perché non viene?».

Dopo altri due minuti sbucò da un sentieruolo un giovane sulla ventina di alta taglia, che tutto sommesso si accosta al signore e gli dice: «Signor Cavaliere, sono a voi: in che cosa posso servirvi?»

«Voi mi favorite, caro Vincenzo; mi son permesso invitarvi perché vi sapevo uno dei migliori elementi della banda Varone, che, requie all'anima sua, per essersi troppo esposto finì così presto, ma gloriosamente i suoi giorni: ora dietro mia proposta S. Maestà Francesco II, che Iddio guardi per mille anni, vi nomina Colonnello della banda Barone», e ciò dicendo gli passò un sacchetto contenente seicento ducati in oro ed il decreto di nomina, che il Barone f'è leggere ai suoi non appena giunse sulla montagna.

Il giorno 15 giugno già si sapeva in Santa Anastasia che il furiere della banda Varone, per disposizione di Francesco II, era stato nominato Colonnello della banda, grado che in seguito avrebbe occupato nell'esercito.

Al Barone non solo restarono fedeli quasi tutti componenti l'antica comitiva, ma si unirono a lui anche nuovi elementi in maggioranza sanguinari e ladroni, che, nonostante la paga che percepivano, non sapevano resistere alla tentazione di rubare e di versar sangue. Infatti per dirne una, ricordo che in detta banda era arruolato Antonio Merone da Santa Anastasia, che nel 1845, a nove anni, fu imputato di ferita di arma da fuoco con pericolo di vita. Nel 1847 ferì mortalmente Angelo Maione e nel 1859 per poco non mandò all'altro mondo Salvatore Esposito. I suddetti briganti, per un mese e più, vennero compensati con carlini tre al giorno; ma quando la speranza del ritorno di Francesco II incominciò a venir meno, il Comitato Reazionario di Napoli faceva tenere al Barone quel tanto che era necessario per comperare ai briganti pane, formaggio e vino.

In tale stato di cose per provvedere la banda di armi, munizioni e vestiti fu mestieri che il nuovo comandante ponesse in mezzo i ricatti, le grassazioni e, quando il caso lo richiedeva, anche gli omicidi.

In quell'epoca la banda di cui parliamo era composta di quattrocento individui ed era suddivisa in quattro squadre, le quali erano rispettivamente comandate da Giovanni Sodano, da Domenico Pecerillo, da Gennaro Maione e da Pasquale Minore di Pomigliano.

Funzionava da segretario Vincenzo Vecchione di Pollena, che era uno sbandato del 13° *Cacciatori*. Costui a nome del suo Colonnello scrisse una lettera alla marchesa Cappella, nella quale le chiedeva ducati 500, ma in realtà ne ebbe soli 150; chiese pure mediante lettera 100 ducati a don Domenico Ricciardi di Cercola e ne ebbe 50.

Nella stessa lettera il Barone rimproverava il Ricciardi, perché non gli aveva inviato i fucili promessi. Al conte Caracciolo di Torchiarolo inviò il seguente biglietto:

Signor D. Ambroggio,

In vista della presente consegnate al porgitore ducati cento senza che ci mancasse qualche grano altrimenti potete farne almeno di mandarli.

Salutandovi mi dico

Vostro Servo
Barone

Vincenzo Vecchione il quindici luglio lasciò la carica di segretario, che venne assunta dall'ex gendarme Domenico Pecerillo da Castelluccio. I dipendenti del Barone vestivano una uniforme particolare: cioè calzoni e giubba di velluto marrone e un berretto che ricordava quello dei bravi di don Rodrigo. Una cinta di cuoio sostenente una cartucciera completava la loro *toilette*. Questa divisa serviva per far distinguere i componenti di detta banda da quelli di Crocco, di Caruso, di Chiavone, di Ninco-Nanco, di Pace, ecc. che avevano anch'essi una speciale uniforme. Molti di essi non sdegnavano di portare orecchini. Le calzature venivano fornite da Antonio Romano.

Pasquale Scarpato si occupava di inviare i fucili che andava a prendere a Napoli e di notte li andava a nascondere sotto il ponte di S. Sebastiano, in quel di Santa Anastasia, e da quivi Alfonso Malagisa li portava al Barone.

Carmine Romano era il primo vivandiere e Basilio De Sena si occupava di fabbricare le cartucce; ma perché il numero dei briganti andava sempre più crescendo così il colonnello Barone, per armare tutti di fucili, andò a disarmare il corpo di guardia di Valle e di Chiazzolla.

Il conte Caracciolo, perché non diede subito riscontro alla lettera di cui innanzi si fa cenno, il giorno appresso si vide, nella masseria, *onorato* dal Barone, al quale facevano scorta trenta briganti. Tale visita costò al Caracciolo 12 ducati, un pacco di sigari e dei salami. Del denaro dato dal Caracciolo al Barone subito si sparse la voce, ma se ne alterò la cifra, cosa che non andò a genio del Colonnello, il quale punto nell'onore fece così scrivere al Caracciolo:

Gentilissimo signor Conte,

son dispiaciuto che avete fatto spandere la voce che mi avete dato cento ducati. Vi prego di smentire subito tale bugia.

Il Colonnello Barone

E il Torchiarolo, pro bono pacis, credé opportuno rispondere in questo senso:

«Illustre signor Colonnello,

posso assicurarvi che non ho detto ad alcuno la somma datavi. Vi prego però dirmi come volete che mi regolo questa mattina quando sarò domandato dal giudice, quale somma volete che io dicessi d'avervi dato, non potendo negare senza positivamente comprometermi; perché voi favoriste da me in pieno giorno ed alla presenza di molta gente, Vi assicuro per altro di dire al giudice di non aver conosciuto nessuno di quelli che si recarono da me e farò pompa delle gentili maniere usatemi e che la somma che voi mi dite, d'avermi chiesta come semplice ricordo. Vi ringrazio del gentile riscontro e credetemi vostro

obblig.mo servo Caracciolo

D. S. Favoritemi subito la risposta dovendo per le nove trovarmi in Santa Anastasia.

* * *

Il venti agosto del 1861, mentre Barone si trovava coi suoi sul monte S. Angelo gli fu riferito da un manutengolo che la forza si era allontanata da Pollena, e che volendo poteva, senza alcun pericolo, fare una visita a detto villaggio. «Lo farò subito – disse Barone – tanto più che quel *liberalone* di don Gennaro Miceli non ha dato ascolto ai miei comandi».

Infatti il 17 agosto il Miceli ebbe la seguente lettera:

Signor don Gennaro Miceli,

io capo dei soldati sbantiti che siamo innumerevoli circa quattro cento cinquanta di la vostra mobilità di mandarmi qualche somma di danaro per nostro sostinimento da poter vivere onorato e senza offesa alcuna e per difenderci la nostra vita ed anche per vostro bene, sarete sicuro di qualche cattiva offesa.

Vi salutiamo e siamo

Vostri servi Vincenzo Barone

Questa lettera fu dallo stesso Miceli consegnata al giudice istruttore che trovavasi in Santa Anastasia, il quale sotto pena di carcere indusse il Miceli a non mandare ai briganti nessuna somma; poiché questi, vedendosi privi del necessario, sarebbero stati costretti a disertare o a costituirsi all'autorità.

Alle ore ventidue il colonnello Barone ordinò al trombettiere di chiamare a raccolta. Quando i briganti furono tutti all'ordine il segretario Pecerillo lesse il seguente ordine del giorno:

«Per ordine del nostro superiore, colonnello Vincenzo Barone, la squadriglia da me comandata passi la rivista alle proprie armi e si prepari per scendere a Pollena. Restano esentati Basilio Sicuro, perché ammalato, e Vincenzo Terracciano che resta sul monte per far compagnia alla signora del nostro capo, Lucia Mollo. Chi si rifiuta di andare a Pollena sarà fucilato».

* * *

Vincenzo Barone, dopo aver passato a rivista la compagnia, ordinò alla sua amante Luisa Mollo d'intonare il santo Rosario e ai briganti di scoprirsi e d'inginocchiarsi. Quando le *avemarie* ed *i paternostri* furono esauriti, Luisa Mollo sospese al collo del Barone un *abitino* della Madonna del Carmine e gli disse: «Che questa bella mamma di Dio ti accompagni, ti faccia riuscire nell'impresa e ti faccia ritornare sano».

Alle ore 23 il Colonnello, con novanta dei suoi, prese la via di Pollena, avendo avuto cura di lasciare, lungo la strada, di tratto in tratto delle sentinelle per dare l'allarme e per garantire, in caso di sorpresa, la ritirata.

Alle ore 24 Barone, Giacomo Ferriero, Vincenzo Vecchione, Domenico Pecerillo, la *Porchiacca* di Somma e un ragazzo di Ponticelli salirono sull'appartamento Miceli, dove trovarono, in stato da far pietà, don Gennaro, la moglie di costui e la domestica.

Il Barone, appena si trovò al cospetto del Miceli, disse: «Son dolente di voi, perché non avete dato nessun valore alla mia lettera, anzi seppi che non appena la riceveste vi affrettaste a consegnarla alle Autorità. Né ciò mi recò meraviglia; poiché voi siete un *Carbonaro* e da tale gente bisogna starne lontano le mille miglia. In tutti i modi io non posso perdere del tempo. Consegnatemi, se vi è cara la vita, quel cassetto che racchiude i trentamila ducati; perché detta somma mi necessita per mantenere con decoro la mia banda».

Don Gennaro disse al Barone che l'affare dei trentamila ducati era una fiaba, ma che gli avrebbe invece consegnato tutti i suoi risparmi, che ascendevano a trecento ducati.

«Ma per trecento ducati non si sarebbe un Colonnello incomodato a venire da voi. Se io avessi aspirato a detta somma vi avrei inviato tutto al più un mio furiere».

«Giuro su quella bella Vergine Addolorata – disse Miceli – ed indicò un quadro, che io non ho mai posseduto trentamila ducati».

«Come! carognone, ti permetti invocare anche la madre di Dio», dissegli il ragazzo di Ponticelli, che chiamavasi Giovanni d'Alife, e da due giorni arruolato nella banda, perché aveva ucciso un cantoniere ferroviario. Nel dire ciò assestò alla schiena del povero Miceli tre pugnalate.

Il Barone, per non mostrarsi secondo nell'uccidere, volle, dal canto suo, regalare a don Gennaro due stilettate alla pancia, che resero, il già ferito, cadavere.

La moglie del Miceli e la domestica, che assistettero a quella terribile scena, svennero presso il cadavere del rispettivo marito e padrone.

Mentre Barone e Vecchione mettevano tutto sossopra per trovare i trentamila ducati, il piccolo delinquente, per acquistare coraggio, si lambì il sangue che ancora copriva la lama del suo coltello, e, coi denti, ne raddrizzò la punta che si era contorta in una delle vertebre dorsali della vittima.

In mancanza di altro fu rubato un cannocchiale, una pezza di tela, un abito nuovo dell'ucciso, un orologio da tavola ed otto posate di argento.

Compiuta la rivista, la signora Miceli fu sollevata di peso e posta a cavalcioni sulle spalle di Domenico Mollo, che, come un fardello, la portò sulla montagna. La serva, a colpi di calcio di fucile, fu costretta seguire la padrona. Giunti sul colle S. Angelo, il colonnello Barone tolse alla Miceli gli orecchini di brillanti e, dopo, la licenziò facendola accompagnare da Giacomo Ferriero.

Verso le 2 a. m. la signora poté abbracciare e piangere il marito!

Il Barone, partita la signora Miceli, donò alla sua druda gli orecchini di brillanti, mandò alle sorelle Filomena e Luisa Perez la tela, affinché l'avessero trasformata in camicie per i briganti, fece consegnare a Palmarosa Romano l'orologio e tenne per sé le posate.

Il Barone, durante la sua carriera brigantesca, fu amato da

diverse donne; perché, come ben dice il Cascella, anche il delitto rappresenta una forza, che conquista e che attrae. Infatti tutte le bande brigantesche ebbero le loro donne, le quali, per lo più, vestivano abiti maschili e portavano ancor esse un'arma, deturpando, secondo dice Mel, l'indole e la grazia femminile, e lasciando tristi ricordi di sfacciata libidine e di atti eroici.

Il Barone, oltre la sua favorita Luisa Mollo, alla quale i briganti avevano sul punto più bello della montagna costruito un pagliaio con un soffice giaciglio di muschio, di tanto in tanto andava a passare qualche ora con Palmarosa Romano e con Donna Matilde Di M., la quale, pel detto brigante, era addirittura divenuta pazza.

Questa accentuata simpatia di Donna Matilde pel Barone non garbava troppo a Gioacchino De Vivo, zio del Barone, il quale nel 10 luglio 1861 così scriveva al nipote:

Caro Vincenzo,

riguardatevi di Carmine Picozza, perché lanno promessa qualche somma, per farvi fare la spia. Desitero sapere come stato di salute.

Vi dico ancora di non fidarti troppo della famiglia Di M. perché la signora D.ª Giulia dice tutto le vostre operazioni che fate e che dite a D.ª Matilda.

Vi saluto e sono Gioacchino De Vivo

La monaca De L... invece, non potendo, per la sua attempatella età, attirarsi l'affetto del Barone, cercò tenerselo caro facendogli di tanto in tanto pervenire rosolio e tabacco.

Che qualche serva del Signore si sia innamorata di qualche capobrigante non si mette al certo più in dubbio; perché *Fra Diavolo,* camuffandosi da eremita, si recava in Altamura, dove andava a recitare... giaculatorie colla badessa di Santa Teresa.

Il caposquadra Pecerillo, il giorno che seguì all'uccisione di Miceli, si pose a rapporto col Colonnello e gli riferì che quattro componenti la sua squadra, tutti di Somma, si erano rifiutati di andare in casa Miceli. Il Barone allora tenne Consiglio di guerra, fece venire innanzi a sé i rei, e, dopo aver ad essi imposto di deporre le armi, ordinò che venissero fucilati.

Un brigante parimenti di Somma, soprannominato la *Porchiacca,* che già si era reso due volte omicida, si offrì di farla, per i suoi concittadini, da boia, e, con un colpo di fucile, freddò uno dei quattro condannati e già stava per disfarsi degli altri tre, quando Barone alzò la sciabola e gridò: *Alto*!

Agli altri tre la pena di morte fu commutata in bastonate.

Il brigante *Porchiacca* seppellì la sua vittima dopo averle tolto l'anello, l'orologio e le due piastre che teneva nel panciotto.

Il colonnello Barone premiò il fucilatore coll'abito rubato in casa Miceli e lo propose come caporale.

Al principio d'agosto Barone stabilì di assediare Santa Anastasia, di uccidere non solo il capitano della Guardia Nazionale, Vincenzo Miranda, ed il sindaco Domenico Sanseverino, ma di passare a baionetta tutti i fautori del nuovo governo, di saccheggiare le case di questi e di ripristinare la monarchia borbonica atterrata dalla rivoluzione.

Il Barone, per riuscire nella cosa, mandò Alfonso Malagisa ad invitare Cipriano La Gala affinché si fosse a lui unito; ma questi si rifiutò.

Antonio e Domenico Mollo, padre e fratello di Luisa Mollo, furono incaricati di fare per la stessa causa proseliti per le campagne; però fecero, come suol dirsi, un buco nell'acqua.

Il 27 agosto 1861 la banda Barone fu sorpresa dai soldati. Nell'attacco furono uccisi otto briganti ed altri dodici furono feriti. Dei rimanenti parecchi emigrarono, altri si costituirono alle autorità ed i più pericolosi, perché dovevano sbrigare parecchie faccende con mamma giustizia, seguitarono a tenere i monti.

Vincenzo Barone andò fuggiasco per altri due o tre giorni; poi fu arrestato mentre in una grotta era intento, innanzi ad una immagine, a recitare preghiere. La mattina del primo settembre fu fucilato in Santa Anastasia.

Ucciso il Barone, il caposquadra Pecerillo fu chiamato all'alto onore del comando. Di questo delinquente possediamo il seguente esempio di bello scrivere diretto al conte Caracciolo di Torchiarolo.

Signor Condo di Trocchio

La promesse che voi ci avete fatte noi abbiamo mandate per la causa che e morto il nostro superiore la nostra comitiva in tutto sperduto in tutta la scuadra sono rimasti 27 il capo scuadra e don Domenico Pecerillo vi prego di mandare la somma di 60 piastre e mandatele quando più presto potete perché si nò sarà fatto danno alla vostra masseria si mandate vi saluto e sono il caposcuadra Domenico Pecerillo dalla mondagna di Resina li 5 settembre 1861.

* * *

Non voglia però credere il lettore che i briganti che scorrazzavano per la regione circumvesuviana fossero tutti di origine italiana, niente affatto; poiché, fra essi, non mancava l'elemento svizzero, inglese e bavarese.

Nel 26 marzo 1863 infatti fra la Guardia Nazionale ed i briganti avvenne, nella pubblica piazza di Bomerano, uno scontro, nel quale fu ucciso un brigante di nazione straniera, sul corpo del quale i medici settori Francesco Corcia e Luca Acampora riscontrarono i seguenti tatuaggi. Sulla parte sinistra del torace l'ucciso mostrava una testa di guerriero, il cui elmo aveva le penne rosse e celestrine; a destra invece presentava un grosso cuore di squisita fattura; sulla regione interna dell'antibraccio sinistro lasciava scorgere le iniziali G. P. sotto le quali si vedeva un cuore sormontato da una croce.

La maggior parte di quei briganti erano analfabeti e fra quelli che sapevano leggere non mancò chi verseggiò la Bibbia, della quale offriamo un capitolo in pascolo ai nostri lettori ed è quello che riguarda l'incendio di Sodoma e Gomorra.

Spoglie d'uom due spirti prendono
Della sera all'imbrunire,
Nella piazza van di Sodoma,
Quando Lot al lor venire,
Fassi avanti, e per ricetto,
Offre loro il proprio tetto,
Non appena in casa portali,
Che i lor piè a lavar si diede,
Una lauta cena subito,
Pria del letto li precede,
Ma si destano i vicini,
Ch'han veduti i pellegrini.
Questi uniti all'altro popolo
Vonno a forza i forastieri,
E di Lot la casa accerchiano,
Grida ognun, che que' stranieri
Siano dati a lor talento
O va a terra il casamento.
Mille doni ancor ricusano,
Che per lor Lot offrisse,
Più la gente allor s'infuria
L'indugiare l'inasprisce,
Quando quei dall'alto coro
Occecar tutti coloro.
Al dì nuovo i divi spirti
Di partir dal loco infame,
Ed a Lot, e ai suoi dan ordine,
Perchè tutto quel reame,
Dee restare subbissato
E distrutto, e incendiato.
Lot, la moglie e figlie partono
All'istante da quel loco,
A se chiama ancora i generi
Ma da questi è preso a gioco
Ei non san, senza consiglio
Qual sovrastali periglio.
Non appena questi escono
Che dal Ciel di fiamme ultrici
Piove immense ne diluvia
Su que' poveri infelici
E li mesce, e li sotterra,
Nel dissolversi la terra.
Segor sola esclusa viene,
Perché Lot là volto il piede,
Di costui la moglie voltasi
Non appena il foco vede
Che la patria arde e funesta
Che di sale statua resta.
Del Giordan l'onde riempino
L'avvallato gran bacino
Ora mare diventatone,
Di Pentapoli il dominio,
Primo esempio, e chiaro segno,
Che castiga Iddio l'indegno
Poi da Lot ebbe l'origine
E sua figlia il Moabita,
E dall'altra indi più piccola
Derivonne l'Ammonita
Non è quindi mio pensiere
Le lor gesta far vedere.

Processo contro Vincenzo Antigliano ed altri 124 imputati*

[...] Vedeste già, o signori, come i Comitati borbonici sien direttamente ispirati da Roma, e come questi Comitati si facciano istigatori di brigantaggio. Di quest'istigazione una prova novella ce l'offre il processo in discorso.

Vincenzo Barone da Sant'Anastasia, giovine sugli anni 22, uscito dalle fila dell'esercito borbonico ambì la rinomanza di un partigiano attivissimo della borbonica dominazione. Ei fece centro dei suoi movimenti il monte di Somma, ove alzata la bandiera d'un ribelle accoglieva quanti soldati sbandati fossero inchinevoli a perdurare in quell'abitudine di prepotenza e di abusi; cui erano assuefatti. I Comitati borbonici -si legge nella Sentenza della sezione d'accusa presso la Corte d'appello di Napoli del 1° settembre 1862- *non mancarono d'avvalersi dell'opera di questo giovine traviato e gli fornivano tratto tratto delle somme per mantenere in armi gli occorrenti satelliti. La pubblica tranquillità in popolosi comuni venne scossa profondamente, imperocché gli atti di vandalismo di quelle bande si traducevano in estorsioni, grassazioni ed assassinii. Lurida e lunga storia di simili reati tessono gli atti processuali.*

Vincenzo Barone prendeva il titolo di comandante le forze regie. A nome di Francesco II spediva ordini per danaro e ne prometteva la restituzione.

* Dalla *Relazione della commissione letta alla Camera dal deputato Stefano Castagnola nella tornata segreta del 4 maggio 1863.*

Francesco II con militari

Ufficiali dei bersaglieri impegnati nella lotta ai briganti

La banda Nunzio Di Paolo

Verso l'imbrunire del 4 febbraio 1863, mentre Irene Ricci e le sue figliuole Maria, Maria Pasquale e Filomena Giantommaso insieme alle sorelle Giangiobbe e Concetta Cannavino, tutte del comune di Rotello, ritornavano dalla campagna di Giovanni Selvaggio, ove si erano al mattino recate per la coltivazione delle fave, in prossimità della masseria dei signori Colavecchia s'imbatterono in cinque briganti a cavallo, fra i quali vi era il noto sanguinario Luigi Martino di Rotello ed il capobanda Nunzio Di Paolo da Macchiagodena.

Il Di Paolo nel vedere quella inerme comitiva le ordinò di fermarsi e di non alzare la voce per chiamare aiuto; nel caso opposto avrebbe di essa fatto strage sopra luogo.

Ad un cenno del capo i briganti smontarono da cavallo, si scagliarono contro quelle donne e le malmenarono.

Concetta Giangiobbe vinta dallo spavento incominciò prima a piangere e poi a pregare quei furfanti affinché le avessero conservato l'onore.

«Non fare la madonnina – disse Luigi De Martino – io ti conosco pelo e ricordati, gran puttana, che per lo innanzi tu ed i tuoi vi siete, più di una volta, fatti beffe di Francesco II, ora, per tale insulto, non mi resta che conciarti per bene», e ciò dicendo le tirò a bruciapelo un colpo di fucile, che le portò via un pezzo dell'orecchio destro.

La diciottenne Maria Giantommaso invece fu afferrata da tre briganti, e, dopo imbavagliata, fu spinta sulla groppa di un cavallo.

Irene Ricci, nel vedere in pericolo la figlia, corse per salvarla; ma Santuccio di Campobasso, a quella straziante scena, in luogo di commuoversi, assestò al capo di quella infelice madre tale un colpo col calcio del suo fucile da farla cadere semiviva.

La Giantommaso, come prezioso fardello, fu portata nel bosco della Grotta, dove tutte quelle belve umane, per turno, ne fecero oggetto della loro libidine.

Verso le ore quattro la rimisero a cavallo, e, dopo un'altra ora di cammino la slegarono e la fecero sedere all'entrata di una grotta, nell'interno della quale alcuni briganti erano intenti ad ammannire la cena ed altri a tener d'occhio un prete ricattato. Dopo un'ora la catturata fu dal capo invitata a prender cibo. Essa, per schermirsi, dichiarò di non aver fame; ma Di Paolo impugnata una pistola le disse: «Mangia per S. Antonio benedetto; se no ti spezzo con una palla il cuore».

Terminata la cena i briganti, al chiarore del fuoco, si dettero a giocare alle carte. A mezzanotte si udì un fischio interrotto: era un mandatario che portava il riscatto del prete; ma perché al prezzo fissato di cento piastre ne mancava una, così il capobanda die' ordine ai suoi dipendenti di bendare e fucilare il prete.

I briganti già stavano pronti per far fuoco quando la Maria si getta ai piedi di Nunzio Di Paolo e gli dice: «Abbiate pietà di quel povero sacerdote: per dodici carlini si ammazza un individuo?».

Le preghiere della Maria ebbero la potenza di calmare la ferocia di quegli assassini; poiché il capobanda ordinò subito ai suoi di deporre le armi; poscia rivoltosi al prete gli disse: «Vedi che significa la potenza della donna, ringraziala, perché devi a lei la tua salvezza».

Il prete fu lasciato libero e la notte stessa tornò fra i suoi.

Due ore avanti giorno la comitiva, per non esser sorpresa dalla forza, lasciò la grotta e si diresse verso Torremaggiore attraversando il fondo di un certo Domenico agnominato *Scorticaciuccio* e fu nella masseria di costui che al Di Paolo fu data biada per i cavalli e pane e salame per i suoi dipendenti.

Alla Giantommaso furono tagliati i capelli e travestita da uomo. La povera Maria nel vedersi così trasformata incominciò a piangere; ma una grossa bestemmia di Nunzio la fece ammutolire!...

Alle ore ventitré giunse quella masnada al fiume Fortore e dopo averlo guadato a cavallo, pernottò nel bosco Dragone.

Nel mattino del sei, mentre i briganti stavano a bivacco, si presentò ad essi Domenicantonio, il furiere della banda Caruso, il quale, dopo aver militarmente salutato Nunzio, disse ad alta voce: «In nome del mio superiore generale Glauso, ordino a chi trovasi in possesso di denaro di consegnarmelo».

Un brigante, che diceva essere di Napoli e che ogni sera manteneva allegra la comitiva con canzoni e barzellette, dietro tale editto si tolse dalla cintola una borsa piena d'oro e la consegnò al suo capo Nunzio.

Luigi Martino, nel veder ciò, si tolse il fucile di spalla e mostratolo al Napoletano gli disse: «Punisco la tua dabbenaggine con questo», e gli tirò contro una schioppettata da freddarlo allo istante.

Il furiere Domenicantonio, del denaro avuto, ne distribuì una parte ai componenti la squadra di Nunzio ed un'altra la portò con sé.

Il Napoletano ucciso fu dallo stesso Martino precipitato dall'alto di un burrone nel fiume.

La banda di caporal Nunzio stette in quel bosco fino al giorno sette, dove riceveva provvigioni di ogni specie. Verso sera si pose in cammino dirigendosi al bosco di Ramitelli; ma perché il freddo era intenso, così il capo ordinò ai suoi di raccattare la legna e di accendere il fuoco. Non l'avessero mai fatto, poiché il chiarore delle fiamme attirò su loro l'attenzione della Guardia Nazionale di Chieuti, che, da due giorni, stava appostata in quel bosco per sorprendere i briganti.

«In nome della legge non vi movete, depositate le armi e arrendetevi», così gridò il comandante di quei militi.

A tale intimazione quei malfattori abbandonarono armi e cavalli e si dettero a precipitosa fuga. Giunti ad un bivio si fermarono per stabilire quale via prescegliere; durante tale incertezza furono sparati contro i briganti varii colpi in modo che la Maria fu ferita al braccio e alla coscia e quattro malfattori restarono uccisi. Nunzio e Marino rimasero incolumi. La Maria andò invece a nascondersi dietro una siepe. Verso mezzogiorno quella povera donna sentendosi libera si inoltrò attraverso il bosco, in mezzo al quale vide un pagliaio: vi si accosta e trova chiusa la porta; picchia e nessuno risponde, apre e vi entra e perché si sentiva spossata, per la quantità del sangue perduto, si gittò, come morta, sopra un pagliericcio.

A due ore di notte, due contadini, un ragazzo ed un vecchio entrarono nel pagliaio. La Maria espose al vecchio il suo misero stato. Quell'uomo, che disse essere di Chieuti, nel sentire tali fatti si commosse fino al pianto, poscia accese il fuoco e apprestò alla ferita del pan bollito.

All'alba la Giantommaso pregò il vecchio di indicarle la via che conduceva a Rotello; ma quegli si scusò dicendo di non conoscerla e si profferse invece di accompagnarla a S. Martino.

Lungo la strada s'imbatterono in una compagnia di bersaglieri e il sottotenente Palazzi, che la comandava, dopo interrogata la ferita, ordinò, a buona parte dei suoi, di accompagnarla a S. Martino, dove, da quei sanitarii, le furono apprestate le più affettuose cure.

Il dì 21 febbraio dello stesso anno da numerosa Guardia Nazionale, venuta a bella posta da Rotello, Maria Giantommaso ritornò dai suoi; ma vi ritornò con un braccio fratturato e coll'*onore* rubato.

La banda del Crapariello

Gregorio Corcia luogotenente della Guardia Nazionale di Agerola, previo appuntamento, incontravasi, la sera del 22 agosto 1861, con la sua amante Carolina Esposito in contrada Lama Magna e ivi la Esposito gli disse di essere cauto e meno ostile verso i briganti; poiché aveva saputo dalle sorelle Francesca e Carolina Avitabile, le quali negli affari briganteschi stavano molto addentro, che Gennaro Cretella, Angelo Lauritano, Pasquale Medaglia, Melchiorre Merolla, Nicola Vanacore, Vito Cinque e Gregorio Saturno si erano uniti ad Antonio Apuzzo, *alias 'o Crapariello,* per rimettere sul trono il figlio di Maria Cristina e per portare la strage ed il saccheggio in quei comuni, che si erano dichiarati pel governo di Vittorio Emmanuele. Aggiunse inoltre che l'Apuzzo aveva prescelto Vito Cinque per disfarsi della famiglia Corcia ed incendiare la proprietà di questa.

Gregorio Corcia le rispose di voler scongiurare tale pericolo coll'inviare ai briganti una certa somma; ma che era dolente di non poterlo fare pel momento, perché si trovava corto a quattrini.

«Non preoccuparti di ciò», gli disse la Esposito, «perché io mi trovo in possesso di cinque piastre che manderò a tuo nome al *Crapariello*».

Questo dialogo fu ascoltato da Vito Cinque, da Nicola Vanacore e da Gregorio Saturno, che, per mera combinazione, si trovavano in vedetta in quella selva. Vito Cinque, quando si avvide che, dopo il dolce idillio, i due amanti stavano per prendere il largo, tirò contro di essi una schioppettata.

Il Corcia e la Esposito, persuasi che le minacce si convertivano in una fatale realtà, fuggirono e potettero così raggiungere incolumi i loro domicilii.

I genitori e le sorelle del luogotenente lessero subito sul volto di lui lo sconcerto dell'animo, però non riuscirono a cavargli di bocca il movente di tanta angustia.

Brigante Crapariello

Dopo qualche ora la famiglia Corcia si accorse che i cani dei loro pastori, Antonio e Luigi Casanova, che stavano con la mandria a ridosso della loro abitazione, incominciarono a ringhiare contro alcuni individui, che minacciavano i loro padroni. Nicola Corcia, la moglie di costui, Giustina Sorrentino, e le loro figliuole, prevedendo l'assalto dei briganti, abbandonarono la loro abitazione per andarsi a ricoverare nella casa del loro vicino Giovanni Acunto; però prima di partire pregarono Onofrio Buonocore di aver cura della loro abitazione e raccomandarono al figliuolo Gregorio di indurre lo zio e le cugine, che abitavano presso la loro casa, a raggiungerli.

La famiglia di Nicola Corcia, per arrivare più presto al luogo di rifugio, prese una scorciatoia.

Il luogotenente, lo zio e le cugine pensarono invece attraversare un orto; ma avevano fatto appena pochi passi quando si udirono dei colpi di fucile, uno dei quali ferì Gaetano Corcia.

Il luogotenente, per non esporsi al bersaglio dei briganti, pensò ritornare nella propria abitazione. Don Gaetano e le nipoti fecero lo stesso.

La famiglia di don Nicola riuscì a nascondersi in casa di Saverio Cuomo.

Mentre la signorina Giovannina Corcia procurava frenare il sangue che usciva dalla gamba destra dello zio, i briganti picchiarono fortemente il portone: allora la signorina Rosina si fece alla terrazza e disse ai briganti che avrebbe aperto, purché avessero ad essi tutti conservata la vita.

«Parola d'onore non vi faremo niente», risposero all'unisono Vito Cinque ed Antonio Apuzzo.

Fu aperto. In casa entrano dieci briganti armati fino ai denti, i quali con le baionette scassinarono i mobili e fecero bottino di biancheria, di oro ed argento. Nell'andar via ingiunsero alle sorelle Corcia di chiudere il portone e di serbare, sulla cosa, il massimo silenzio. Passarono poscia in casa del luogotenente, il quale, essendo convinto che ogni resistenza sarebbe stata certa causa di maggior pericolo, al primo picchiare ordinò ad Onofrio Buonocore di aprire. Penetrarono in detta casa soltanto cinque briganti, i quali, dopo essersi forniti di biancheria, legarono il luogotenente con le mani dietro la schiena e lo indussero a seguirli.

Al Buonocore ingiunsero di allontanarsi.

Quando i briganti col loro ricattato si trovarono all'aperto, Angelo Lauritano gridò: «Attenti!... foco!...» al che seguì una triplice scarica di moschetteria.

Buonocore, uscito nella corte, trovò il padrone boccheggiante ed immerso in un lago di sangue. Chiamò aiuto ed accorsero Maddalena Coppola e Pasquale Corcia, che cercarono, ma non riuscirono, a richiamare in vita il povero luogotenente.

I briganti, consumato l'assassinio, si divisero, sulla montagna, la roba presa in casa Corcia. Antonio Apuzzo non isdegnò di vestirsi dell'abito del morto.

Oltre l'Apuzzo, presero parte a tale delitto Gennaro Cretella *'o Diavolillo,* Nicola Vanacore, detto il *Leccese,* Melchiorre Merolla, *alias il Ferrarese,* Vito Cinque, Gregorio Saturno, Angelo Lauretano, Antonio Pagliara e Pasquale Medaglia. Quest'ultimo, quando venne arrestato, fu trovato in possesso di una nota nella quale si leggevano i nomi di quelli che dovevano essere uccisi.

Mentre la scena di sangue, di cui facciamo cenno, consumavasi al chiarore d'incerta luna, i genitori e le sorelle della vittima da un abbaino della casa Cuomo udirono le grida di allarme, il comando della fucilazione e le scariche di fucili, però, fino alle sei del mattino, restarono inconsci della sventura ad essi toccata.

* * *

Il 26 novembre 1861, dietro informazioni, il comandante della Guardia Nazionale di Amalfi seppe che un gruppo di briganti aveva deciso di fare una visita a don Carlo Afeltra, a scopo di carpirgli denaro e viveri. Infatti gli annunziati malfattori non si fecero aspettare, poiché il giorno appresso, verso l'annottare, cinque persone armate apparirono sul vicino monte e, facendosi strada fra alcuni vigneti, giunsero in contrada Scala, dove trovavasi la casa Afeltra. Componevano quella squadriglia i delinquenti Nicola ed Antonio Apuzzo, Francesco Vuolo, Melchiorre Vespri e Vito Cinque.

Melchiorre Vespri col calcio del fucile picchiò ripetutamente il portone.

La serva di quella casa, Margherita Martino, a cui il delegato di Amalfi aveva dato opportune istruzioni, si fece alla finestra e domandò chi essi fossero e che cosa volessero.

Nicola Apuzzo rispose: «Siamo briganti e siamo qui venuti per avere denaro e viveri dal tuo padrone».

E la fantesca di rimando: «Trattandosi di questo vengo subito ad aprire; però è necessario che vi incomodiate di salir su, poiché il mio padrone trovasi a letto con febbre».

Vito Cinque, col fucile in pugno, si volle da solo recare nella stanza da letto dell'Afeltra, dove fu agguantato dai carabinieri. L'arrestato, abilmente interrogato, disse chiamarsi Vito Cinque nativo di Positano e da poco domiciliato in Agerola, e che prima la faceva da portatore di viveri alla banda e in seguito, per non essere arrestato, si era arruolato nella comitiva Apuzzo. Disse, inoltre, che alla fine di luglio la squadriglia comandata dal *Crapariello* era formata di 200 individui, ma che in seguito si era andata man mano assottigliando, in modo che attualmente gli attivi non superavano i 50. Aggiunse, inoltre, che molti di questi briganti avevano fatto parte della banda Varone e poi erano passati al comando del colonnello Vincenzo Barone; ma, fucilato anche costui, degli sbandati alcuni restarono fedeli a Domenico Pecerillo ed altri si erano uniti all'Apuzzo.

* * *

Nel principio del gennaio 1862, Antonio Apuzzo fu arrestato e rinchiuso nelle carceri di Salerno, dalle quali riuscì ad evadere il 24 gennaio dello stesso anno insieme ad Alfonso d'Antuono, Stefano Tucci, Vincenzo Cafiero e Nicola Pisacane.

Antonio Apuzzo, sentendosi libero, ritornò sulla montagna, dove fu festeggiato dai suoi dipendenti. Il giorno 28, trovandosi a secco in spiccioli, stabilì fare una visita a Catello Gentile, dal quale due briganti della sua banda riuscirono a farsi consegnare

480 ducati. A questa fruttifera visita l'Apuzzo, perché stanco, non prese parte; ma se ne stette seduto sopra un masso di calcare, dal quale si scorgeva la casa di Catello. Il cugino di costui, Nicola, ignorando che i briganti si trovassero in casa del suo parente, nel vedere Antonio Apuzzo, gli rivolse un familiare saluto; ma costui, per tutta risposta, gli tirò una schioppettata all'addome.

* * *

Antonio Russo, mentre la sera del 24 febbraio era, accanto al fuoco, intento ad aggiustare un paniere, fu visitato da quattro briganti, che si qualificarono, secondo il solito, per guardie nazionali.

Teresa Acampora e Carmosina Ingenito, che facevano parte di detta famiglia, domandarono ai nuovi venuti che cosa volessero.

Per risposta s'ebbero due grosse bestemmie; poi due di essi legarono il Russo e due altri bendarono le donne.

Il Russo fu trascinato nella stanza ad uso di sala e fu ivi scannato. Le donne invece furono affidate alla custodia di Nicola e Giuseppe Apuzzo, Nicola Pisacane, Alfonso d'Antuono, Stefano Tucci, Filippo Avitabile, Francesco Vuolo, Melchiorre Vespoli, Pietro Oliva, Melchiorre Merolla e Vincenzo Cafiero salirono nella stanza da letto e fecero man bassa su tutto.

E sempre la banda Apuzzo nelle prime ore del mattino del 13 aprile di quello stesso anno, mentre in casa Sorrentino, in quel di Casola, ancora si dormiva si sentì bussare il portone. Alla domanda: «Chi è?», fu risposto: «Siamo guardie nazionali», e il portone fu aperto; ma la padrona di casa rimase sorpresa nel vedersi innanzi cinque briganti, i quali le domandarono dove fosse sua figlia Felicita perché dovevano rapirla.

Le lacrime della povera madre, Teresa Di Martino, non valsero a far cambiare parere a quei furfanti, i quali, dopo averla caricata di contumelie, la bastonarono per giunta; poscia entrarono nella stanza da letto, presero la giovanetta e la portarono, per le braccia e per le gambe, nella vicina selva dove non potettero abusarne, perché la Felicita si trovava nella ricorrenza del mestruo.

* * *

Per conto di un tale Giovanni Acunto, molti lavoranti, nel mattino del 7 giugno 1862, erano intenti al taglio della selva, che faceva parte di Monte Sant'Angelo.

Alcuni briganti discesero nella suddetta località e catturarono Crescenzo e Biagio Apuzzo ed Alfonso Lamura.

Questi tre infelici sfortunati, dopo essere stati legati, furono condotti sul colle Ammezzati, dove furono sottoposti a fieri maltrattamenti.

Antonio Apuzzo ordinò poi a Biagio Apuzzo di ritornare in Agerola e di riunire la somma di cento piastre, poiché solo così avrebbe potuto riscattare suo figlio Crescenzo.

Verso sera il vecchio Apuzzo ritornò con dieci piastre, e, dopo ripetute preghiere, riuscì ad ottenere la libertà del figliuolo.

Il Lamura invece, perché una volta fece da guida ai soldati contro la banda in discorso, fu legato ad un albero. Poscia un brigante gli staccò con un coltello l'orecchio sinistro, e un altro gli morsicò la mammella destra e il sangue, che da questa usciva, i nuovi arrolati, per acquistare coraggio, per turno, andavano a succhiare.

La barbara usanza di dilaniare le carni umane e di berne il sangue vigeva fra gli *hametzi,* che costituivano la casta sacerdotale di Qualcut, che, come è risaputo, abitavano l'isola di Vancouver.

Era uso di mangiare parti del corpo umano, per acquistare coraggio, fra molti abitanti dell'Australia. Infatti quegli indigeni mangiavano il cuore ed il grasso soprarrenale dei morti in battaglia per appropriarsi il coraggio del nemico, ovvero separavano dal cadavere la testa, dalla quale toglievano gli occhi e i muscoli della faccia; e di tutto ciò ne facevano un manicaretto, al quale si attribuiva la prerogativa di rendere forte il debole e coraggioso il timido.

Ritorniamo al fatto.

Dopo che il Lamura fu così reso malconcio, Antonio Apuzzo ordinò che venisse condotto a S. Maria dei Monti e obbligò quell'infelice a camminare con una pietra legata alle pudende. Quando giunsero sul monte Cerreto, lo precipitarono in un burrone.

Ricordiamo anche che l'Apuzzo, alle 3 a. m. del 7 settembre 1861, uccideva, per precedenti rancori, il sacerdote Carlo Lauritano, mentre usciva dalla casa di una tale colla quale, al dire delle male lingue, il pio uomo non era, a quell'ora, al certo, andato a recitare il santo rosario.

E per finire ricordiamo che lo stesso giorno calarono in Agerola molti briganti, i quali scassinarono la porta di quel carcere e posero in libertà Andrea Ruocco, Filippo Avitabile, Andrea Imparato, Ferdinando Iovieno, Matteo Fusco e Mattia Florio, che furono dal *Crapariello* obbligati a seguire la banda; ma, perché costoro erano sprovvisti di armi, così si recarono in casa di Salvatore Pisacane e l'obbligarono a consegnar loro i fucili ricevuti in deposito dal tenente Emilio Galdi.

Antonio Apuzzo fu arrestato e fucilato in Agerola alle ore 23 del 16 aprile 1863 lasciando nella massima costernazione la sua amante Filomena Iovieno, che vestita da uomo ed armata di tutto punto seguiva, per ogni dove, il suo terribile uomo.

La banda Vuolo

Nelle ore pomeridiane del 26 marzo 1863 vennero catturati, nelle proprie abitazioni, da una orda di masnadieri, il canonico Michele Ingenito di Gragnano ed il parroco Raffaele Palumbo di Pimonte.

Il Palumbo, che fu rilasciato il 30 marzo, raccontò che verso l'annottare del suddetto giorno trovandosi nella propria abitazione venne preso da quattro briganti mentre altri venti facevano da cordone alla casa.

Quelli che entrarono posero dapprima tutto sossopra; poi si appropriarono del meglio ed infine legato il prete, lo indussero a seguirli sulla montagna.

Nell'attraversare la selva Lattaro, s'incontrarono coll'altro ricattato don Michele Ingenito, che era intento a scrivere una lettera ai nipoti nella quale diceva loro di riunire e d'inviare al capobanda Francesco Vuolo la somma di ducati duecento.

Dopo che l'Ingenito ebbe finito di scrivere, il Palumbo fu invitato a fare lo stesso, però il buon parroco fece comprendere al Vuolo che di economia possedeva cento ducati solamente, e per non farseli rubare li teneva nascosti sotto un mattone della sua stanza da letto. Per consegnarli era mestieri che venisse accompagnato nella propria casa.

Vuolo, temendo qualche sorpresa da parte della forza, dapprima restò titubante, poi, ad ora inoltrata, si decise di fare accompagnare il prete da quattro briganti nella propria abitazione, dove prese e consegnò il denaro; ma con tutto ciò il povero ricattato fu nuovamente condotto sulla montagna, dove il giorno 30 di quello stesso mese fu dichiarato libero.

L'Ingenito, restato solo, fu costretto a scrivere una seconda lettera ai nipoti Domenico e Salvatore De Angelis, nella quale premurava l'invio della richiesta somma.

Questa seconda lettera fu consegnata ai fratelli De Angelis da Anna Spasiano, che la ebbe dal brigante Gennaro Orlando.

L'Ingenito, durante il tempo che fu costretto a far compagnia ai briganti, dormì quasi sempre all'aperto or in questo ed or in quell'altro luogo del comune di Scala.

Il 5 aprile, che corrispondeva al giorno di Pasqua, i briganti pensarono a solennizzare la risurrezione di Cristo con un sontuoso banchetto, ed in questa circostanza l'Ingenito fu rinchiuso in una casa colonica e ciò fu fatto per non fargli conoscere il portatore di viveri, che era di Scala.

Quel furbacchione del canonico forzò la serratura, e, dopo aver fatto capolino dalla porta, si tolse la sottana, si fece il segno della croce e si dette a precipitosa fuga.

I briganti, che erano intenti a mangiare in un vicino boschetto, si accorsero della suddetta evasione a sera fatta.

E qui è opportuno aggiungere che l'anno precedente, cioè il 7 luglio 1862, la casa del canonico Ingenito fu pure visitata dai briganti, i quali, dopo aver fatto man bassa su tutto, appiccarono il fuoco alla casa ed uccisero il nipote del prete, Antonio De Angelis, perché costui era sergente della Guardia Nazionale.

Al cadavere un brigante, per sfregio, tagliò il naso, che, dopo averlo per un pezzo tenuto sulla punta della baionetta, se lo mangiò.

* * *

Uno dei più ricchi proprietari di Gragnano, Emilio Capomazza fra i tanti beni immobili, annoverava anche un esteso bosco detto *Selverina* che trovavasi in contrada Collegrande.

Il Capomazza pel convenuto di ducati 3600 cedette il legname di detto bosco a Ferdinando Sorrentino, il quale, a sua volta, si prese a soci Luigi Giordano e Catello Pentangelo.

Verso le 8 a m. del 27 ottobre 1864, mentre il Sorrentino dava gli opportuni ordini per abbattere un albero di annosa quercia, fu visitato da tre briganti, i quali, senza far molte chiacchiere, perché avevano forse per principio che il tempo è denaro, dissero al Sorrentino e al taglialegna Matteo Padoano: «Desistete dal lavoro e seguiteci», cosa che i due fecero immantinenti.

Il socio Luigi Giordano e tutti gli altri operai vigliaccamente se la dettero a gambe.

Quei tre malfattori, con i poveri sequestrati, dopo aver varcati diversi territorii, fecero sosta sulla montagna di Palma, dove uno dei briganti offrì al Sorrentino carta e lapis e gli disse: «Scrivete al vostro socio e chiedetegli, pel vostro riscatto, duemila ducati».

Il Sorrentino, approfittando che quei manigoldi erano analfabeti, in luogo di duemila, scrisse duecento.

Questa lettera fu consegnata all'altro ricattato, affinché la portasse al Giordano.

A sera fatta il Sorrentino fu invitato ad entrare in una grotta, dove gli fu offerto vino, pane, salame e formaggio pecorino. Mentre si rifocillava, ebbe agio di fare la conoscenza di altri briganti, cioè del caporale Francesco Vuolo, della prima tromba Antonio Cesarano, di Pietro Oliva, di Giovanni Guida, di Saverio Esposito, di Vincenzo Federico, di Antonio Cesarano, di Prota Giovanni e di Antonio Sorrentino.

Verso mezzanotte, non ritornando il Padoano col prezzo del riscatto, Francesco Vuolo disse al Sorrentino: «Caro don Ferdinando, mi sono accorto che il vostro consocio non si prende cura di voi; prova lampante ne è che, fino ad ora, non ci ha mandato il denaro per farvi riscattare. Badate che, se ci farà sorprendere dalla forza, noi, prima di sparare contro la Guardia Nazionale, uccideremo voi».

A tale risoluzione il Sorrentino si fece dare un altro pezzo di carta e scrisse:

> Caro Luigi,
>
> la mia vita è nelle vostre mani, poiché se non mi mandate subito la somma che vi ho chiesto a mezzo di Matteo mi si taglierà la testa. Della cosa, a nome di Dio, non ne tenete avvisata la giustizia.
>
> Vostro amico
>
> FERDINANDO SORRENTINO

Pel ricapito di questa seconda lettera fu incaricato Antonio Cesarano; ma costui non la portò a destinazione, perché, per via, trovò Matteo Padoano, il quale portava 320 ducati, che furono consegnati al Vuolo.

Ferdinando Sorrentino fu lasciato libero la mattina del 28 ottobre, dopo che i briganti si diressero per la via che menava ai monti di nome del Greco.

Francesco Vuolo fu arrestato e fucilato il 12 luglio 1865 insieme a Giovanni Prota e ad Antonio Sorrentino.

Seguitarono a battere la campagna Giovanni Guida, Pietro Oliva, Saverio Esposito, Alfonso d'Antuono ed Alfonso Cinque; però costoro ben presto si avvidero che col generale Pallavicini non si scherzava ed approfittando di un editto di costui, che diceva che coloro i quali si presentavano spontaneamente non erano sottoposti alla fucilazione, un bel giorno tutti i superstiti della banda Vuolo andarono a costituirsi alle autorità di Gragnano.

Antonio Cozzolino detto Pilone

Nel marzo del 1860, per alcuni lavori da eseguirsi in Palermo, si fece, per le nostre contrade, incetta di operai scalpellini, e, fra i tanti che partirono alla volta di quella città, vi era il trentottenne Antonio Cozzolino da Boscotrecase. Costui, in paese, era chiamalo Pilone, poiché, quando nacque, aveva il volto coperto di fitta lanugine; anomalia questa che gli fece compagnia per tutta la vita.

In Palermo, il Cozzolino ebbe agio di avvicinare don Gaetano Caracciolo di Torchiarolo, capitano della truppa borbonica, il quale, nei comuni vesuviani, aveva estese proprietà di terreno.

Durante la permanenza del Pilone in Palermo avvenne in Sicilia lo sbarco dei *Mille,* ed il nostro scalpellino, sia per rendersi più affezionato il Torchiarolo, e sia perché nel 1849 erasi prestato alle stragi, che si consumavano in Sicilia, per sopprimere la rivoluzione, si arruolò di nuovo nell'esercito borbonico e fece parte dei combattenti contro Garibaldi, prima a Catalafimi e poi il 27, 28 e 29 maggio a Palermo.

Con la occupazione di questa città da parte dei liberali, il conte Caracciolo, dopo avere con gli altri capitolato innanzi a quel pugno di prodi, fece adesione al Governo di Vittorio Emmanuele.

Il Cozzolino, ritornato nel continente, per le sue buone qualità, fu adibito dal Caracciolo come guardiano dei suoi beni, con lo stipendio di ducati dodici al mese; e, benché il Pilone venisse considerato come sbandato borbonico, pure ottenne regolare permesso d'armi.

Per questa concessione se ne risentì non poco il sindaco di Boscotrecase, Antonio Oliva; ed allora, il Caracciolo, per evitare dei rompicapi, specie dopo le continue insistenze di Silvio Spaventa e del delegato Tramutolo, consigliò il Cozzolino a presentarsi alla Pubblica Sicurezza, tanto più che sulla condotta di lui non vi era nulla da dire.

Il cavalier Pilone

Pilone promise di costituirsi all'autorità giudiziaria, ma non mantenne la parola e perciò fu licenziato dal Caracciolo.

Il giorno 7 ottobre di quello stesso anno, verso le ore 11, Pilone, col fucile ad armacollo, uscì dalla chiesa parrocchiale di Boscotrecase, ed accesa la pipa cominciò a chiacchierare con alcuni suoi amici.

Della presenza di questo sbandato fu avvertita la Guardia Nazionale, la quale dette subito il segnale di chiamata e di allarme e cominciò ad inseguire Pilone, prima per la strada Regia, poi per quella di Varo Malizia ed infine pel Largo della Croce, dove il temuto uomo fu perduto di vista.

Dal rapporto di quei militi si deduce che il Cozzolino era armato di fucile a doppia canna, di pistole e di pugnali, e che, nel fuggire, più di una volta erasi voltato indietro, minacciando di vita gl'insecutori.

Il Cozzolino, a sua volta, fece pervenire al pretore di Torre Annunziata, signor Gennaro Mellone, un esposto, in cui si querelava contro i comandanti della Guardia Nazionale, perché la mattina del 7 ottobre, mentre egli se ne stava innanzi alla parrocchia del suo paese, era stato inseguito dalla medesima Guardia, i cui comandanti, Giuseppe Gerì e Salvatore C., gli avevano fatto sparare contro senza peraltro ferirlo.

Il suddetto magistrato, per non implicare un carico contro la Guardia Nazionale, decise di non farsi luogo a procedimento per inesistenza di reato.

Che il Cozzolino non fosse armato né di pistole, né di pugnali, che non fosse un uomo pericoloso per la sicurezza dello Stato e che non avesse impugnato il fucile contro la Guardia Nazionale, lo si deduce dalle deposizioni di alcuni militi di detta arma, e da quella dei più cospicui cittadini di Boscotrecase, quali don Emmanuele Cirillo, don Salvatore Castaldo, don Giovanni Carotenuto e Domenico Di Gaetano.

Ed ora una domanda: «Perché la Guardia Nazionale sparò contro il Cozzolino?».

Ecco quanto scrisse sul riguardo nel 1863 Domenico Sciplini, allorquando si occupò della fuga del Pilone: «Il sindaco di Boscotrecase, Antonio Oliva, che si vantava di essere liberale, conservò un rigore inqualificabile contro il Pilone, che voleva vedere arrestato nell'uscire dalla Chiesa, ordinando a Vincenzo Gerì, luogotenente della detta Guardia, in servizio, di arrestare Pilone.

Gerì chiese, per far ciò, un mandato in iscritto e l'Oliva di rimando: 'Sparatelo', ed infatti Pilone fu sparato e non ferito. Dopo poco tempo Gerì cadde vittima di Pilone».

Che il Cozzolino fosse stato provvisto di regolare permesso d'armi non può mettersi in dubbio ed infatti, il 19 aprile 1861, il comandante della legione della Guardia Nazionale del distretto di Napoli così scriveva al questore Taiani:

> Illustre signor Questore,
> la interesso comunicarmi come trovasi armato un tale Antonio Cozzolino, *alias Pilone,* di Boscotrecase. Era costui una famigerata spia ed aveva mensili ducati trenta accordatigli per aver consegnato ai Borbonici una bandiera che disse aver presa ai Garibaldini, mentre contro di questi combatteva in Sicilia. Ora vive senza verun mezzo, quindi è guardato come sospetto ladro e trovasi armato con speciale permesso. Ho creduto renderla di ciò consapevole, perché il capitano della Guardia Nazionale, signor Avitabile, che sta alla mia dipendenza, crede che il Cozzolino abbia falsato qualche permesso e per tali dubbi si attendono da lei dei comandi sul proposito.

Il Questore, dopo aver fatto eseguire delle ricerche nell'archivio della locale questura, in data 24 aprile, scrisse al comandante della Guardia Nazionale che il Cozzolino era provvisto di regolare permesso fattogli rilasciare dall'ex commissario Jossa.

In seguito a tale risposta incominciarono a piovere in questura ed al Ministero dell'Interno delle lettere anonime contro il Cozzolino ed il Torchiarolo, nelle quali si diceva che il permesso Cozzolino lo doveva all'influenza di detto signor conte e che il Governo proteggeva i farabutti, mettendo questi in condizione di poter offendere la gente onesta.

Fu allora che il 27 aprile il signor Marasso, direttore del Segretariato generale del dicastero dell'Interno e Polizia, fu costretto, *pro bono pacis,* a scrivere al delegato di Castellammare che Pilone era indegno del permesso d'armi e che gli dava facoltà di ritirarglielo, e, per acchetare gli animi, ordinò pure di sorvegliare la casa del Torchiarolo, che allora abitava a via Pontenuovo (sezione Vicaria) dicendosi che Pilone di tanto in tanto andava a visitare l'ex suo padrone.

Antonio Cozzolino, adunque, sia per le continue persecuzioni da parte della Guardia Nazionale, sia per il risultato negativo che ebbe la sua querela, incominciò a menare vita randagia, nutrendosi di cacciagione e di qualche pezzo di pane che, spontaneamente, gli offrivano i contadini. Le provvigioni per le armi da fuoco le acquistava col ricavato della questua che un eremita di S. Anastasia faceva per lui.

Quando si sparse, nei comuni vesuviani, la voce che Pilone erasi dato alla campagna, subito gli si unirono dei seguaci, consistenti alcuni in disertori ed altri in comuni malfattori, già abbruttiti dal vizio, dal vino e giubilanti in mezzo al sangue.

Questi ultimi vi si associarono per fare, in circostanze speciali, man bassa su tutto ciò che loro veniva dato di prendere. Il primo adepto fu Celestino Imparato, ex gendarme borbonico, che, dopo due mesi, si costituì alla polizia.

L'ex scalpellino, vistosi così ben circondato, divenne addirittura un megalomane, e di questa sua mania approfittarono subito gli amici della cessata Dinastia. Questi con varii convegni lo suggestionarono talmente da fargli credere che, con la restaurazione dei Borboni, egli sarebbe diventato un grande personaggio, e gli fecero all'uopo tenere due decreti, uno di cavaliere ed un altro di comandante in capo di un esercito immaginario.

Fornitori di tali privilegi apocrifi furono il barone dell'A. e monsignore C., le cui abitazioni erano frequentate da Matteo Trama famoso arrolatore di briganti, il quale, per essere più libero, aveva fittato una casa sul Campo.

Pilone, diventato cavaliere immaginario, per volontà di Francesco II, si spinse in guerra micidiale, sostenendo con una mano il vessillo borbonico e coll'altra il pugnale, imitando così il dualismo feroce delle altre bande napolitane; cioè associazioni armate di malfattori da una parte e fanatismo religioso e politico dall'altra.

Pilone, che già incuteva sgomento nei mandamenti di Torre del Greco, di Torre Annunziata, di Ottaviano e di Boscotrecase, il 7 luglio fu visitato dal Trama, il quale gli consegnò un disegno e gli disse:

> Caro Cavaliere, questo disegno raffigura gli orecchini di perle e pietre preziose che Sua Maestà Maria Sofia sta facendo manifatturare per tua moglie; però Sua Maestà Francesco II vuole una prova della tua audacia.

Due giorni dopo, verso le sei a. m., Pilone entrò in Boscotrecase, seguito da venti dei suoi adepti e da una schiera di curiosi tirando, per giubilo, in aria, colpi di fucile.

I rivoltosi, incontratisi con la Guardia Nazionale, si scambiarono varii colpi di fucile, e fu in detta scaramuccia che rimasero feriti quattro militi; cioè don Ferdinando Rendine, don Girolamo Marano, Antonio Marano e Michele Sorrentino, *alias Pizzitiello*. Di questi, per setticemia, ne morirono due.

In tale conflitto ebbe una schioppettata il brigante Antonio Abenante.

Pilone ed i suoi, dopo essersi impossessati delle armi e delle munizioni della Guardia Nazionale, si fecero consegnare da Giambattista Cozzolino le chiavi del carcere e posero in libertà Giacomo Izzo, Gaetano Garofalo, Pasquale Piscicelli, Andrea Amitrano e Vincenzo Vangone. Quest'ultimo, come si vide libero, prese un fucile e lo scaricò contro lo stemma reale, che adornava il corpo di Guardia.

È curioso che sul balcone di quella pretura si videro, non si sa se per paura o per giubilo, il giudice e il cancelliere sventolare i fazzoletti e gridare a squarciagola: *Viva il Papa Pio IX! Viva Francesco II !*

Finalmente quella massa fanatica s'internò nel bosco del barone Buonocontro.

Il 24 dicembre dello stesso anno, Pilone coi suoi andò a disarmare il corpo di Guardia Nazionale di Scafati.

A circa un'ora di notte del 25 marzo 1862, lo stesso Pilone, con quaranta dei suoi, tutti armati di fucili e pistole, andò ad assalire il posto della Guardia Nazionale di Terzigno, dove rubò dieci fucili, sette daghe ed una tenuta militare; minacciò di morte i pochi militi che vi si trovavano, e, con colpi di arma da fuoco, si dette a distruggere i quadri contenenti i ritratti di Vittorio Emmanuele e di Garibaldi.

Durante quella scaramuccia rimasero gravemente feriti gli ufficiali: Giuseppe Boccia, Antonio Gerì ed il milite Gaetano Manzi.

In seguito alle ferite il Boccia morì.

L'assalto fu diretto da Pilone.

La banda, dopo aver tutto distrutto, si allontanò dall'abitato facendo echeggiare l'aria di: *Viva Francesco II! Viva Pio IX! Viva Pilone!*

In detta occasione fu arrestata, come fautrice della banda suddetta, la monaca di casa Francesca Rainieri, la quale confessò alla giustizia che, più di una volta, aveva dato ricovero alla comitiva del Pilone fornendola di vino e pane e che aveva da detto Pilone ricevuto alcuni abitini della Vergine del Carmine con incarico di distribuirli agli aderenti del Papa-Re e di Francesco II, da cui gli abitini provenivano.

Il 29 maggio dello stesso anno un distaccamento di truppa assalì, nel luogo detto *Mileto del Principe,* la banda di Pilone, che già contava settanta persone. In detto combattimento non vi furono da ambo le parti né morti né feriti.

* * *

Lo spavento che la banda di Pilone incuteva nei Comuni vesuviani era tale che i componenti il municipio di Ottaviano presero la seguente deliberazione:

1.° Chiunque in qualunque modo consegna alla giustizia il capo brigante Pilone avrà il premio di lire mille, a vista, sulla casa comunale di Ottaviano;

2.° Che se gli stessi compagni di Pilone lo daranno in mano alla forza pubblica, oltre il premio, cui avran dritto, saranno esenti dal servizio militare, assumendo l'obbligo il Comune di dare all'armata altrettanti cambi a sue spese;

3.° Che la presente sia stampata ed affissa, tanto in questo comune che in quelli limitrofi, e che i parroci la pubblicassero, per tre volte, in ogni giorno;

Del che, si è redatto il presente verbale debitamente sottoscritto .

«*Firmati:*
Raffaele Massa, Achille Procida, Luigi Crispo, Luigi Longo e Vincenzo Barra.
Il Segretario: Alessandro Ammondola».

Nel 4 aprile il questore, per dare pubblicità alla suddetta deliberazione, scrisse al direttore del *Giornale ufficiale di Napoli*:

«Signore,

La prego di fare inserire nel *Giornale ufficiale,* in quella parte della cronaca, che riguarda la questura, quanto segue:

La Giunta municipale di Ottaiano riunitasi addì 29 marzo ultimo ad unanimità ha deliberato:

1.° Che chiunque consegna alla giustizia Pilone avrà il premio di lire 1000.

2.° Che se la consegna sarà fatta dagli stessi compagni di Pilone oltre il premio avranno il diritto di essere esentati dal servizio militare, assumendo il Comune l'obbligo di dare all'armata altrettanti cambi a sue spese».

Che anche il municipio di Boscoreale avesse preso una deliberazione contro il Pilone, lo si deduce dal seguente comunicato del Sottoprefetto di Castellammare al Prefetto di Napoli:

«Signore,

la Giunta Municipale di Boscoreale, nel giorno 12 corrente mese deliberava concedersi la gratificazione di lire 254,93 a chiunque somministrasse notizie certe per lo arresto del famigerato brigante Antonio Cozzolino, e lire 800 a colui che lo accompagnasse alla giustizia.

Ho approvato col mio visto, a norma di legge, detta deliberazione, e la passo a conoscenza della S. V. Ill.ma, per opportuna intelligenza».

Fino al 3 agosto 1862 nessuno si offrì di fornire notizie intorno a Pilone, allorquando, il giorno appresso, il sottoprefetto di Castellammare faceva tenere al questore la seguente lettera, che riproduciamo integralmente, ricevuta da un detenuto nella Vicaria:

«Vicaria, li 2 agosto 1862

Stimatissimo Signor Maggiori,

«Io sono uno dei quali che apparteneva alla banda Piloni Antonio, e presentandomi volontariamente, credendomi che al andare a servire poi esendomi portare nelle prigione Giustiziario, dopo che io doveva palesare qualche cosa, io non ovoluto palesare niente, dunque io stono appatire dentro a questa maledetta Vicaria, mi econvenuto di scrivervi avoi e il Sotto Indenteza, faciendo la combromessione, che nel teppo di otto giorni, io faro scoprire tutto queli che gianno mandati da mangiare emonozione di guerra, e di fare prendere Apilone, accio io posso prendere servizio ed aqquistarmi una ingobenza, perche nella torre Annunziata e una perzona che va facende la questua, peri sigori e soccurro alla mondagnio subito subito che avete la presente mandatemi a prendere per la forza, e così rileverà la commedia di Pilone con il volere di Dio, non altro Vibacia la destra ed io mi sottofirmo il vostro servo e vi servirà.

Luigi M...

Il 15 gennaio 1865, verso le 11 del mattino parte della decima compagnia del 18° fanteria, che si trovava distaccata in Agerola, venne a battaglia con Pilone.

Un fuoco ben nutrito durò fino alle 5 della sera, e fu durante questo combattimento che il brigante Giuseppe Amendola assestò una schioppettata al sergente Guelpa Gioacchino.

* * *

Fra tutti gli atti di bravura del Pilone, il più degno di nota è il ricatto del marchese Avitabile.

Il giorno 30 gennaio 1863, alle sette del mattino il marchese Michele Avitabile, presidente del Banco di Napoli, uscito dal suo casino, che era sito in contrada Pagliarella, in quel di Torre del Greco, si recò nell'altro suo podere, che trovasi presso la ferrovia per cacciare alle lepri.

Salvatore A e Carmine A., briganti della banda Pilone

Dopo circa una mezz'ora, si avvicinò alla casa del suo colono Nicola Giugliano e gli consegnò una lettera della vedova del consigliere Ricca, affinché l'avesse portata a Daniele Vitiello, colono moroso di detta signora.

Il Giugliano, eseguiti gli ordini, ritornò in dietro per riferire al suo padrone la risposta del Vitiello. Ma non vi riuscì, poiché quattro malviventi gli posero le mani addosso, lo legarono e gli fecero, senza molte cerimonie, comprendere che se avesse fatto del chiasso avrebbe assaporata la lama di un acuminato pugnale, che con cinismo ributtante gli posero sotto gli occhi.

Il Giugliano, tutto tremante, fu affidato alla custodia del più vecchio di quei masnadieri. Gli altri tre di tutta corsa andarono a raggiungere l'Avitabile che se ne tornava al casino.

Al povero gentiluomo fu, dai suddetti malviventi, imposto di consegnare il fucile e la rivoltella. Il marchese consegnò il solo fucile, poiché non aveva altre armi. Quei brutti ceffi erano dei componenti la banda di Antonio Cozzolino, i quali con modi piuttosto garbati dissero all'Avitabile: «Signor Marchese, vi abbiamo sequestrato, poiché il nostro capo, Cavalier Pilone, deve comunicarvi cose d' importanza».

A tale disposizione, il Marchese prima pregò perché fosse lasciato libero, poi scongiurò; quando si avvide che le sue parole non facevano breccia nel cuore di quei furfanti, disse: «Cedo alla violenza!... Andiamo...» ed insieme all'altro catturato Giugliano si diressero alla volta del Vesuvio, seguiti dai quattro briganti, i quali, con i loro ordini, indicavano ai ricattati or questa ed or quell'altra via.

Camminando moltissimo, giunsero all'angolo della pineta del signor Califano, dove il mesto convoglio si fermò innanzi ad un individuo alto, dalla pelle brunastra, con occhi profondi e con pupille scintillanti di vivacità.

Una grande bocca con labbra tremule ravvivavano un viso quadrato e incorniciato in sopra da folti capelli neri, dei quali un ciuffo ribelle copriva buona parte della regione frontale destra. Una barba folta, parimenti nera, gli guarniva la parte laterale ed inferiore del viso, lasciando allo scoperto un mento alto e sporgente. Un paio di baffi alla bavarese di mediocre lunghezza completavano l'aspetto di tanto temuto brigante. Egli era armato di fucile a doppia canna, di pugnale e di pistole.

Un cappello alla calabrese guarnito da due splendide penne di struzzo, una bianca ed una altra rossa, gli copriva il capo. Vestiva una giacca blu e calzoni color nocciuola, con fasce nere. Sul panciotto, di color nero, pendeva una medaglia, ed all'occhiello del bavero si vedeva cucito un nastrino, simbolo di ordine cavalleresco.

Intorno alla vita, portava un'ampia fascia di raso variopinto, che, dopo aver formato un nodo sul fianco sinistro, calava in basso, terminando in due grossi fiocchi.

Dietro di lui, e in posizione di *attenti,* stava in piedi un vessillifero, che teneva spiegata una bandiera di lana bianca, su cui si vedevano ricamati in seta gialla, agli angoli, quattro gigli, e, nel mezzo, due corone regali.

Più in là, disposti in doppia fila, si scorgevano ventiquattro briganti, i quali attendevano l'ordine del loro superiore.

Pilone, dopo aver chiesto scusa all'Avitabile del fastidio che gli recava, ordinò ad un tale, che chiamò *segretario* e che poi il marchese seppe essere un sergente borbonico, a nome Francesco Infranza, di far firmare al ricattato Avitabile la lettera che, precedentemente aveva fatto scrivere.

Il marchese la firmò senza leggerla, aggiungendovi in calce alcuni righi per la moglie.

La lettera fu consegnata all'altro sequestrato Giugliano, con preghiera del marchese di mandarla a Napoli, a mezzo di suo suocero Isidoro Miele. Il Giugliano, eseguito l'ordine, raggiunse nuovamente la comitiva.

Partito il Giugliano, il marchese ed i briganti presero la via del lato ovest del Vesuvio.

Pilone, per via, intavolò con l'Avitabile una conversazione, che si aggirò intorno a mille argomenti; e fu durante questo colloquio che il Marchese (come disse più tardi) si convinse che il Pilone non era tanto una belva come la fama lo dipingeva.

Se non che, questo criterio sfumò ben presto dalla mente dell'Avitabile, quando Pilone gli fece comprendere che, se per la sera sua moglie non avesse spedito i ventimila ducati da lui chiesti nella lettera, le avrebbe mandata la testa del marito! Aggiunse, inoltre, che, ove la sua famiglia avesse svelato la cosa alla forza pubblica, egli sarebbe stato ucciso con un colpo di pistola.

Il marchese, per l'effetto di questa minaccia, era per stramazzare; poi, fattosi animo, prese un pezzo di carta e scrisse alla famiglia una lettera, che compilò sul parapetto della cisterna del casino di un tale Armenio.

Dopo questa nuova decisione del marchese, lo sguardo fulmineo del brigante si temperò in una risata breve e secca.

La lettera fu consegnata al colono dell'Armenio, Ferdinando Vitiello, il quale subito partì per Napoli.

Il marchese ed i briganti seguitarono a dirigersi verso il cratere del Vulcano. Però, il nobile uomo, vinto dalla stanchezza, chiese ed ottenne dal capo di riposarsi. Si riposarono, infatti, tutti sopra un pezzo di lava del 1860, e fu quivi che l'Avitabile cercò di ottenere dal Pilone un po' di dilazione al pagamento della somma da lui chiesta, nel caso che non l'avesse avuta da Napoli.

Pilone gli rispose: «Poiché voi ed i vostri parenti di Calabria avete dato sessantamila ducati a Garibaldi, potreste darne altrettanti a me ed io da essi ne toglierei il valore dei danni che avete sofferto pel bruciamento del bosco in provincia di Salerno».

Il marchese gli rispose, che il fatto non era vero, o per lo meno la cifra di cui faceva cenno era esagerata; che, del resto, egli non aveva nulla in comune con la proprietà dei parenti in Calabria e che era impossibile di unire una forte somma di contanti in due o tre ore, senza la sua firma, non essendovi in casa, che sua moglie ed i due figliuoli di età minore.

E Pilone di rimando: «Caro don Michele, parliamo chiaro: se per questa sera avrò i ventimila ducati, la faccenda andrà bene; ma, se mi dovrò prendere il fastidio di condurvi sulla montagna di Lettere, allora, contro mia voglia, io sarò costretto ad aumentare la taglia!».

A questa seconda intimazione il marchese si fece dare dal segretario della banda un pezzo di *carta* e vi *scrisse* un'altra lettera che diresse al suo fattore in Castellammare, affinché costui, messosi d'accordo con suo fratello che ivi trovavasi, si fosse recato a Napoli, per facilitare la riunione della somma.

Questo scritto fu consegnato a Giugliano, che da poco era ritornato, dicendo a costui: «Questa lettera, a mezzo di Luigi Minutiello, la farai pervenire a mio fratello e tu aspetta alle falde del monte fino a tanto che porteranno il denaro».

Quindi la banda continuò a camminare verso il cratere. Per via incontrò un forestiere accompagnato da quattro guide, una delle quali consegnò a Pilone una bottiglia di vino. Pilone domandò al marchese se volesse ristorarsi con pane, caciocavallo e vino, sole cose che poteva offrirgli. Il marchese ringraziò Pilone di quest'atto di cortesia, e lo pregò di fargli una riduzione sul prezzo di riscatto.

Al che Pilone: «Come? Voi state sprecando tanto denaro per andare a Torino, e mi parlate di riduzione? Io so che vostra madre è ricchissima, e, in conseguenza non è difficile alla vostra famiglia, coi beni che possiede qui ed in Calabria, di riunire i ventimila ducati. Del resto se io mantengo la banda, non lo faccio per mia volontà, ma per disposizioni venute da Roma» e aggiunse: «Sappiate pure, caro marchese, che i duemila ducati rimessimi da Francesco II, per fare acquisto di munizioni, dovetti rimetterli ai comitati borbonici di Napoli!».

In questo punto, il discorso fu interrotto; poiché le suddette guide, nel ritorno, vollero baciare ed abbracciare Pilone; il quale, a giustificare quanto diceva, fece al marchese leggere una lettera proveniente da Roma, in cui, tra l'altro, si leggeva che: «il Padrone (Francesco II) voleva conoscere i gloriosi combattenti di Pilone, voleva che egli non esponesse troppo la sua preziosa vita, e che avesse subito mandato a Roma la sua signora con il resto della famiglia, ove non aveva bisogno di portar altro che le vesti».

Pilone mostrò anche all'Avitabile un decreto che il catturato non riuscì a decifrare, poiché, per essere stato portato addosso molto tempo, si erano alterati l'inchiostro e la carta.

I briganti dal canto loro dissero al marchese che, se pel suo riscatto soffriva il dispiacere di sborsare una forte somma, questa gli sarebbe stata compensata dalla protezione del Pilone, che avrebbe, per lui, implorata la grazia al prossimo ritorno di Francesco II, cosa che sarebbe successa nella prossima primavera, poiché i Tedeschi avevano fatto conoscere a Vittorio Emanuele che, se per tutto marzo non fosse andato a Venezia, sarebbero essi andati a Torino, e che in quell'epoca non essendovi più in queste province che trentamila soldati piemontesi (che essi chiamavano ladri) sarebbero stati scannati dal popolo e dai soldati stessi delle nostre province che si trovano nell'esercito. Intanto annottava e l'aria fattasi fredda, Pilone ordinò il *dietro-front.* Poiché il marchese si lagnò di sentir freddo, Domenico de Rosa, detto l'*Amitrano,* tolsesi il pastrano e glielo offrì. Durante la discesa, la avanguardia dei briganti fece fuoco sopra alcuni passanti, che attraversavano la mulattiera detta *Pozzo.* Ai colpi seguirono le grida:«*Ohe!... Ohe!... Siamo noi, che portiamo il danaro!».*

«Datemi il *santo,* per la Madonna del Carmine; se no, vi distruggo!», disse Domenico di Palma.

«*Stella mattutina!», gridò Giugliano.

«Va bene, e sbrigatevi!», soggiunse Vincenzo Federico.

Erano, infatti, il signor Francesco Pastore, congiunto della moglie dell'Avitabile insieme a Nicola Giugliano, a Luigi Minutillo e al colono dell'Armenio, portando con loro due sacchi di monete d'oro.

Pilone ordinò al suo segretario di enumerare quel denaro; e questi, posto a terra un cappotto d'incerata, si accinse a contarlo, al chiarore della luna.

Il signor Francesco Pastore, che, per via, aveva sottratta buona parte della somma, perché credeva che Pilone non l'avesse fatta numerare, disse al *cavaliere*: «Questo è il solo denaro che abbiamo potuto raccogliere!».

Pilone, allora, si avvicinò al marchese; ed in tono da incutere terrore gli disse: «Aggiustate la somma in ventimila ducati; se no, guai a voi!».

L'Avitabile, che ignorava la gherminella del Pastore, a tale minaccia venne assalito da crisi convulse, che lo portarono fuori dei sensi.

A questa straziante scena Pilone non seppe più resistere, s'intenerì, fino ad inumidire il ciglio; e, dopo aver richiamato ai sensi l'Avitabile con del *rhum*, lo congedò, augurandogli felice il ritorno in famiglia. Nello stringergli la mano, gli disse, con accento sincero ed accorato: «Signor marchese, mi farò un dovere ed un piacere di portarvi aiuto, quando me lo chiederete! La vostra proprietà, da oggi in poi, sarà sotto la mia alta protezione e nessuno si azzarderà di andare nei vostri fondi a torcere un filo d'erba!».

I briganti Alfonso Brancaccio, Carmine Matrone, Domenico di Palma e Giuseppe Panariello ebbero l'ordine di far scorta d'onore all'Avitabile fino alla linea ferroviaria.

Michele Avitabile potè abbracciare i suoi, che vivevano nella massima costernazione, alle quattro del mattino del 31 gennaio.

La somma salvata dal Pastore fu di quarantamila lire, quella data al Pilone non superò i novemila ducati.

Del ricatto dell'Avitabile se ne trovano tracce nella cronaca interna del *Roma* del primo febbraio 1863, dove, fra l'altro, leggesi: «Il marchese Avitabile direttore del Banco di Napoli trovandosi avant'ieri per diporto in una masseria vicino a Boscotrecase avvenne che di ciò avuto sentore i briganti della banda di Pilone vollero fare un bel colpo, e, disgraziatamente vi riuscirono.

Il marchese Avitabile fu aggredito da alcuni masnadieri, catturato e condotto sopra una vicina montagna insieme ad un suo colono.

Dietro richiesta dei briganti questi tornò subito in dietro, e, coll'autorizzazione del marchese, raccolse, per la stessa sera, una somma di ventimila ducati, che consegnò a quei banditi, come prezzo di riscatto. Dietro tale versamento il marchese Avitabile fu rilasciato».

Pilone, partito il marchese Avitabile, tolse dai novemila ducati una discreta somma, che distribuì ai suoi, alle spie e alle sue drude, di Boscotrecase e di Ottaviano.

Tenne poi consiglio con i più assennati della compagnia, e fu stabilito di lasciare quelle contrade per andarsi a rifugiare nei boschi che adornavano le montagne di Sarno. Ivi si trattenne fino al quindici febbraio.

La notte del sedici, a dispetto della polizia, da solo, Pilone entrò in Boscotrecase e andò a far ribotta in casa della sua Carolina.

La mattina, ben per tempo, egli si recò a Torre del Greco, perché aveva progettato con due di quei barcaiuoli, di essere trasportato a Civitavecchia, nello Stato del Papa.

Ma non vi riuscì; poiché di tale fuga fu avvertita la polizia, che tenne, fino al giorno 15, d'occhio tutti i barcaiuoli torresi.

Pilone, che ignorava tale sorveglianza, si recò sul posto di convegno, vestito da monaco. Accostatosi ad un soldato, gli disse: «Patriota perché qui è tanta forza?». Il soldato gli rispose: «Perché bisogna arrestare Pilone, che è il terrore di queste contrade!».

E Pilone: «Ed io prego il Signore che riusciate nel vostro intento!», e si allontanò girando per un po' fra quelle viuzze che guardavano il mare. Poi entrò nella prima chiesa che trovò aperta, ed ivi ringraziò la Madonna per averlo liberato da sicura cattura.

In contrada Pittore, si svestì degli abiti da frate, e si diresse verso i boschi di Sarno.

La stampa, intanto, non faceva che censurare l'inettitudine della Pubblica Sicurezza, contro la quale l'opinione pubblica si ribellava.

Nei caffè e nei pubblici ritrovi si accusava il Governo, poiché non riusciva, da più di due anni e con tutti i mezzi che possedeva, a liberare i paesi circumvesuviani da criminali, che liberamente distruggevano le proprietà ed ammazzavano le persone.

Ed il *Roma* del 15 febbraio, ritornando sul ricatto dell'Avitabile, scriveva:

«Alle porte di Napoli commette scorrerie una banda di briganti comandata da Pilone. Questa banda ha posto i suoi quartieri generali in alcuni paesi ove i briganti dormono tranquillamente nelle case dei loro parenti e dei loro amici.

Sono molti giorni che il marchese Avitabile fu catturato dai briganti e dovette pagare pel suo riscatto ventimila ducati. Egli ha assicurato che Pilone tiene un ufficio postale, riceve ed invia continue lettere dai suoi amici di Napoli, egli asseriva che gli venivano i saluti dei Borboni e che Francesco II con un decreto lo nominava Cavaliere e con un altro gli dava il comando in capo dell'avanguardia dell'armata di occupazione.

In Napoli e nei suoi dintorni vi saranno almeno quindicimila uomini di truppa ed altrettante Guardie Nazionali. Niente di più facile alla polizia di procurarsi certe notizie sui progetti dei briganti e di scoprire i loro complici

Niente si tenta e noi offriamo all'Europa civile il vergognoso spettacolo di essere impotenti a distruggere pochi assassini e di lasciare ad essi la libertà di commettere delitti impunemente. Finisca, per Dio, una volta questa colpevole indolenza e si mostri all'Europa che il Governo ha la forza di far rispettare le leggi e di tutelare la sicurezza dei cittadini».

Fu in seguito a tali continue invettive che nell'aprile del 1863 la stampa dell'Italia centrale propalò che Pilone era stato arrestato dai soldati francesi e consegnato ai gendarmi pontifici .

Al dire di Domenico Sciplini, che nel 1864 stampò un opuscolo al quale diede per titolo: *Riflessioni critiche intorno alla politica governativa e l'amministrazione giudiziaria,* ciò fu fatto ad arte per calmare l'animo del pubblico, assopirlo e rallentare le investigazioni su quel masnadiere onde dargli tempo a rifarsi. Noi, a base di documenti, diciamo invece che Pilone fu veramente arrestato nello Stato pontificio e trattenuto nelle carceri di Roma.

* * *

Pilone svestitosi da monaco ritornò sulle montagne di Sarno. Ivi giunto, seppe dai suoi che l'ospitalità concessigli dall'altro capobanda Cerullo era finita, e che prudenza richiedeva lasciare quelle contrade per entrare nuovamente nel proprio dominio, dove del ricatto dell'Avitabile più non si parlava.

Che Pilone nella notte del 18 febbraio avesse lasciato i monti di Sarno, per ritornare nella sua zona di comando, lo si deduce dal seguente rapporto del Comandante della Guardia Nazionale di Sarno, che in quell'epoca era il signor Squitieri:

«Stamane, alle sei, si è a me presentato don Orazio Grossi fu Giuseppe da Ottaviano, dimorante nel molino Foce, nella qualità di esattore; e mi ha narrato che nella scorsa notte erasi in detto molino presentata la banda Pilone, e mi ha invitato ad andarvi.

Recatomi nel detto molino, colla Guardia Nazionale di mia dipendenza, da quanto mi si è detto dal signor Grossi e da un altro impiegato dello stesso molino a nome Francesco Pisante di Ottaviano, ho rilevato quanto appresso: che alle 9 e mezza di ieri sera fu picchiato alla porta grande di detto molino, sita verso oriente, e con voce fioca e gentile fu ordinato d'aprire, giacché era la Guardia Nazionale di Sarno che voleva colà fare una perquisizione.

Ripetutosi per la seconda volta quest'ordine, la porta venne aperta dal Grassi, ed allora con sorpresa si videro entrare venticinque briganti, e tra questi il loro capo, il quale spontaneamente si annunziò essere Antonio Cozzolino, *alias* Pilone. lo stesso vestiva pantaloni grigi con fasce nere, lunga giacca nera, cappello all'italiana di color bianco lanino, sormontato da una piuma bianca ben lunga.

I suoi connotati sono: statura alta, barba nera folta, e divisa sotto il mento. Fu domandato del pane, e fu risposto che non ce n'era. Fu domandato se la vicina taverna poteva ad essi preparare un pranzo a pagamento, e mostrò Pilone in tale circostanza un pugno d'oro e fu risposto che la taverna, per ordine superiore, era stata chiusa da più mesi. Affamati come erano, vollero salire nelle due camere, dove trovavasi la famiglia del detto signor Grossi, e, fatta una minuta ricerca, trovarono due pezzi di pane del peso complessivo di rotoli due, e se ne appropriarono.

Indi, calarono, e, nel casotto dell'esazione, Pilone accese un lume, e si diede a mangiare noci, castagne, cacio e pane, tutte cose che in un sacchetto portava un giovane brigante.

Ai molinari e ai cinque avventori, che durante quel tempo si erano recati a macinare, Pilone disse, che egli non faceva male ad alcuno, e si doleva che lo chiamassero *brigante;* poi, ordinò al suo furiere di leggere la cronaca del *Roma* del 15 corrente, dove si riferiva della cattura del marchese Avitabile, e disse: lo stampatore è uno svergognato; poiché l'Avitabile, pel riscatto, to ai presenti due ritratti colla dedica: Al *Cavaliere Pilone, ricordo di stima e di considerazione,* denotante l'uno Maria Sofia, che piangeva sotto un albero, e l'altro Francesco II, vestito da generale, e seduto sotto una quercia.

Poscia presero da tutti commiato, uscirono per la porta sita ad occidente, e si diressero alla parte del Vesuvio».

Dopo altri dieci giorni, cioè il 28 febbraio, la banda di Pilone venne finalmente sorpresa nella casa dei coniugi Antonio Garofalo e Maria Rosa Marra, sita in contrada Carola, in tenimento di Boscotrecase.

Alfonso di M., che quella sera faceva da guida alla forza pubblica capitanata dal delegato Mattei, così racconta la cosa:

«La sera del 28 febbraio, feci da guida alla forza, la quale era diretta all'abitazione di Antonio Garofalo, dove dei confidenti avevano assicurato che da tre giorni vi si annidava la banda Pilone. Mentre ci accostavamo alla casa, vedemmo uscire dal portone di Garofalo una decina di persone, le quali con una scala cercavano scalare il muro, che trovavasi rimpetto al portone per menarsi nel fondo sottoposto. In sulle prime noi credevamo che fossero i bersaglieri, ma quando ci avvedemmo essere i briganti, io fui il primo a far fuoco e ne ammazzai uno, ed i rimanenti retrocedettero nel portone e fuggirono pel fondo.

Dopo poco, fu suonato a raccolta, ed io colla pubblica forza entrammo nella casa del Garofalo, dove trovammo una botte di granone sulla quale vi erano una sessantina di panelle di pane bianco. Sul focolare si vedeva un tegame con due galline, sulla tavola, un gran piatto contenente della carne a lesso. Un grosso piretto di vino stava nel centro della tavola.

Nelle stanze erano paglericci e letti improvvisati, il che faceva supporre che la banda vi si annidasse da qualche tempo.

I componenti la banda erano in numero di ventitré, dei quali tredici furono identificati cioè: Antonio Cozzolino detto Pilone, Alfonso Brancaccio, Carmine Matrone, Domenico De Palma, Nicola Borrelli di Antonio, Giuseppe e Luigi Panariello, Domenico De Rosa, Giovanni Pagano, Luigi Carillo, Alfonso Amitrano, Michele Raineri e Crescenzo Allocca.

Un conflitto allora s'impegnò ed in esso furono uccisi Alfonso Amitrano, ed altri due, che non furono identificati.

Nella mischia, con un colpo di baionetta, il caporale dei bersaglieri Giovanni Buonansea stramazzò a terra il brigante Luigi Carillo, il quale con uno slancio straordinario degno di una tigre balzò addosso al sergente, e gli tirò un colpo di pistola, e già stava per puntargli al collo l'altra canna quando accorse in suo aiuto l'altro sergente Federico Magario, il quale fece prigioniero lo sparatore, che nel mattino seguente fu fucilato a Boscotrecase.

Tutti gli altri briganti la scamparono colla fuga».

* * *

Dopo alcuni giorni si costituirono al delegato Mattei due briganti Alfonso Brancaccio e Domenico di Palma quale refrattario di leva sin dal gennaio 1862 ed il Brancaccio quale soldato sbandato da otto mesi.

Si presentò anche spontaneamente l'altro brigante Carmine Matrone, il quale confessò d'aver partecipato alla banda Pilone dal maggio 1862, quale soldato sbandato del disciolto esercito.

Finalmente un altro componente la banda a nome Nicola Borrelli di Antonio, disertore dell'attuale Governo, veniva il 7 marzo arrestato in Torre del Greco dai Reali Carabinieri presso l'abitazione di Raffaele Langella.

Il 26 marzo di quell'anno stesso, cioè dopo 26 giorni dalla riportata ferita d'arma da fuoco, morì il caporale Buonansea.

L'autopsia dimostrò che il proiettile, dopo di avergli attraversata la regione deltoidea, s'era fatto strada pel bordo posteriore dell'ascella, ed era andato a conficcarsi nel polmone sinistro.

* * *

Dopo due giorni da che la banda fu sorpresa, Pilone andò a fare le condoglianze a Carolina Esposito, detta la *Rossa,* druda di Luigi Carillo, alla quale lasciò una piastra, poiché la *Rossa* si era preso il fastidio di cucire al Pilone tre camicie.

Di quest'atto di cortesia del Pilone si offese non solo una tale di Ottaviano, la quale si diceva d'aver già procreato un figlio con lui, ma anche la moglie di certo Paolo, a nome Chiara, che, al dire dei più, completava la terna delle Amasie del famigerato capobrigante.

Dal marzo del 1863, la banda Pilone andò man mano assottigliandosi; poiché i suoi seguaci s'erano una buona volta convinti che i Borboni non potevano più essere restaurati sul trono delle Due Sicilie; ed allora alcuni si costituirono spontaneamente, qualche altro venne arrestato e non pochi, per farsela addirittura franca con le galere, emigrarono per le Americhe.

Antonio Cozzolino, Giuseppe, Biagio e Luigi Panariello, Ludovico Perugino, Angelo Russo e Giovanni Pagano cercarono di rifugiarsi nello Stato Pontificio. Ciò si deduce da un comunicato del Prefetto di Napoli del 30 gennaio 1864.

Lo scopo della fuga era di penetrare in Roma e mettersi sotto l'alta protezione di Francesco II. Però non ci riuscirono, perché la sera del 28 agosto, prima che essi fossero entrati in città, furono arrestati dai soldati francesi e rinchiusi poscia nelle Terme.

Per quell'antagonismo che esisteva fra Roma e il Governo Italiano, il vero elenco dei briganti arrestati non si poté conoscere che nell'8 marzo 1864, e fu in quest'epoca che la Questura poté comunicare al Procuratore Generale, presso la Corte di Appello, il seguente primo elenco dei briganti rifugiati nello Stato Pontificio, ai quali bisogna aggiungere quelli arrestati con Cozzolino: Lombardi Salvatore, Francesco Infante, Vincenzo Federico, Domenico Polena, Domenico Calabrese, Nicola Borrelli, Alfonso Brancaccio, Domenico Raineri e Domenico Rosa.

Da tale lista si deduce che detti malfattori non tutti facevano parte della banda Pilone, poiché anche Crocco e Viola, ambedue capibriganti, con parecchi dei loro, erano stati arrestati e consegnati alla Polizia romana.

Saputosi intanto che Pilone trovavasi detenuto nelle carceri di Roma, cominciarono a pervenire al Governo lettere d'intimazione nelle quali si diceva che un giorno o l'altro Pilone, evaso dalle carceri, sarebbe ritornato a seminare il terrore, vendicandosi a preferenza dei suoi numerosi nemici.

dosi a preferenza dei suoi numerosi nemici.

E perciò Silvio Spaventa il 20 febbraio 1864 scriveva da Torino di avere, su tale riguardo, calma, poiché intorno ad un affare così delicato e di tanto momento era mestieri, per ottenere l'estradizione dei briganti, di procedere con la massima precauzione e che nulla potea farsi se prima non si fossero spiccati i mandati di cattura; cosa che fu fatta il 13 aprile 1864.

Infatti in detta epoca il Procuratore Generale del Re, presso la Corte di Appello, con suo ufficio (Div. 5, Sez. 1.ª, n. di sp. 4037), ordinò al Questore di doversi spedire mandato di cattura contro: Antonio Cozzolino *alias* Pilone, Fonzo Francesco, Labertani Giovanni, Angelo Cappiello Gaetano Mastagnetta, Panariello Giuseppe, Panariello Luigi, Panariello Biagio, Lombardi Salvatore, Angelantonio Russo, Vincenzo Federico, De Rosa Domenico, Giovanni Pagano, Michele Raineri, Crescenzo Allocca, Ludovico Perugino, Antonio Garofalo, Luigi Aquino, Maria Rosa Morra, Pasquale, Domenico e Gennaro Langella, Antonio Borrello e Daniele Vitiello e ciò in seguito a sentenza del 17 aprile 1864.

I mandati di cattura furono spediti ai carabinieri di Torre del Greco il giorno 17 e il giorno 18 fu arrestato Daniele Vitiello.

Se non che l'estradizione degli arrestati non fu concessa dal Governo Pontificio adducendosi da questo trattarsi di delinquenti politici e non di comuni malfattori e che del resto trovandosi in carcere non potevano apportare nessun nocumento.

* * *

Le gesta di Pilone erano quasi dimenticate, quando l'8 marzo 1869 pervenne al Prefetto di Napoli una *riservata* da Roma, in cui si asseriva che il giorno 6 dello stesso mese furono fatti evadere dalle carceri di quella città i briganti Bernardino Viola ed Antonio Cozzolino *alias* Pilone.

Il 10 marzo la notizia venne confermata dal generale Pallavicini, che n'ebbe comunicazione ufficiale dal cavaliere Lanzi, maggiore della gendarmeria pontificia, il quale assicurava pure che il Viola era ferito.

d'occhio tutti gli ex favoreggiatori di Pilone e furono mandati pattuglioni per le contrade già battute dal brigante.

Il 12 aprile, il Ministero degl'Interni comunicò il seguente rapporto:

«Per opportuna norma di V. S., mi pregio comunicarle talune notizie, pervenute da Roma, circa la fuga da quelle carceri dei capibriganti Viola e Pilone.

L'evasione di Pilone e di Viola non sarebbe stata che una facilitazione da oltre un anno decisa; e la loro fuga dovevasi operare a mezzo di un bastimento per trasportarli all'estero. Però, il bastimento che li trasportava, trovandosi di fronte ad una crociera italiana, retrocedette, e sbarcò i tre malfattori Pilone, Viola e Crocco, i quali si allontanarono per le campagne.

Viola è stato di nuovo arrestato e rinchiuso nelle Terme; del Crocco non si avrebbe più notizia; e Pilone, a quel che si assicura, trovasi nel palazzo Farnese, sotto la protezione dei Borboni».

Il 20 aprile 1869, il Ministero degl'Interni ebbe notizia che Antonio Cozzolino, nella sua fuga dalle carceri, si era fratturata una gamba e che trovavasi tuttavia nascosto nel Palazzo Farnese; e si aggiungeva che si riteneva difficile la guarigione di lui.

Dalla riportata frattura Pilone rimase leggermente zoppo e quando fu assicurato dal medico curante che poteva liberamente camminare, ebbe dai Borboni una discreta somma e lasciò Roma, cosa che avvenne nel febbraio del 1870.

In questo mese, lo si vide la prima volta girare solo per le falde del Vesuvio, come un essere leggendario.

Egli andava bighellonando per quelle campagne sotto la pioggia, sotto il sole; e, a sera, si ricoverava fra qualche crepaccio di lava o in qualche malandato pagliaio. La vita la tirava innanzi, non più a mezzo di ricatti, ma per avere imposto la tassa di censo agrario, che si pagava dai possidenti e dai non possidenti, per timore di non vedersi danneggiate le proprietà o ricattata la persona. Sistema questo adoperato da Varsalona in Sicilia e da altri briganti del continente.

Pilone, che, al pari di *Mammone*, viene tuttavia additato

come spauracchio dei bambini, tirò così innanzi la vita fino al 14 ottobre 1870, giorno in cui fu ucciso. Ed ecco come avvenne la cosa.

Antonio Cozzolino di tempo in tempo solea far qualche corsa a Napoli, dove, piuttosto che il prezzo di un ricatto, pare venisse a ricevere alcuni sussidii o pensioni pagatigli da chi aveva paura di lui e l'acchetava così.

La Questura aveva avuto sentore di ciò; ed un delegato, il signor Petrillo, che si era formato contro Pilone una vera idea di persecuzione, tanto indagò che poté infine avere nelle mani un bandolo. Il bandolo fu un socio, o *compare,* del terribile brigante. Fosse la paura d'essere agguantato lui, fosse la speranza del lucro, il compare ebbe un colloquio col questore Colmayer sul conto del Pilone; ed il colloquio terminò con queste parole:

«Dunque venerdì?».

«Venerdì!».

«Alla mattina, a Foria?».

«A Foria!».

«E badiamo di non mancare!».

«Non dubitate!».

All'alba di venerdì, 14 ottobre del 1870, il delegato Petrillo, il brigadiere di pubblica sicurezza Leopoldo Falbo, le guardie Ziccheli, Benevento ed altre otto, tutte in borghese, passeggiavano a vista l'uno dell'altro innanzi all'Albergo dei Poveri. Ognuno aveva in tasca una fotografia del brigante, ed ognuno appuntava l'occhio di qua e di là, squadrando da lungi ogni passante e fissando gli occhi in ogni carrozza, in ogni diligenza...

Quand'ecco che la sentinella più avanzata dalla parte della città guarda più fisso, poi si volta al compagno, gli fa una occhiata significativa, la quale si comunica a tutta la fila.

Quest'occhiata indefinibile voleva dire: Ecco Pilone, ecco la belva! E infatti era proprio Pilone, che scendeva dal Museo verso l'Orto botanico.

Era accompagnato dal compare: aveva statura alta e complessa, testa inchinata sull'omero, e zoppicava leggermente con la gamba destra.

Aveva un paio di calzoni a righi bianchi e cilestrini, un panciotto nero, una giacca di velluto nocciuolo, un cappello basso e bianco.

Agli occhi portava un paio di occhiali oscuri; un grosso bastone, che egli andava girando fra le dita con disinvoltura. E si accostava...

Gli agenti di Questura s'erano dall'ordine sparso ridotti all'ordine serrato.

Il delegato con uno sguardo aveva detto a tutti: Attenti ragazzi!

La coppia di amici è a pochi passi; il compare lascia il fianco di Pilone e devia a destra.

Il brigante che va a riscuotere il prezzo del sangue... il compare che ha parlato col questore e che devia a destra.

...Oh che spettacolo onorevole per l'umanità!

E come il compare si allontanò, piombarono, d'un salto, le guardie.

Che accadde allora?

La belva, colta fuori la lana, ebbe un impeto disperato, che gli agenti della forza pubblica compresero di dover spegnere quasi prima che scoppiasse.

Pilone, alla vista della forza, brandisce con la sinistra la nodosa mazza di quercia e ficca la destra nello spaccato della camicia; ne cava una lunga lama, la fa guizzare come un lampo sinistro... Ma un colpo di un'altra lama è già penetrato nel corpo del masnadiero, e poi un secondo, un terzo...

Quella gran mole d'uomo stramazza urlando; è lì per terra.Il bandito, tenendo la mano sinistra nella maggior ferita che gorgogliava sangue e pronunciava inintelligibili parole, brandendo ancora con la mano destra il pugnale; mentre cogli occhi cerca il compare...

La sua mazza nella lotta aveva ferito il delegato, e il suo pugnale aveva ferito due guardie.

Cadde a tempo!

E come quell'uomo fu veduto cader lì trafitto da più uomini, la gente ch'era per via e che si era agglomerata in folla cominciò a scuotersi, a mormorare, poi ad urlare terribile e minacciosa per gli uccisori.

«È Pilone! – gridò una guardia – È Pilone!».

Questo grido agghiacciò gli astanti, i quali rimasero pietrificati e sui loro volti faceva uno strano miscuglio l'indignazione di poco prima e la sorpresa, la meraviglia, lo sbalordimento prodotto da quel terribile nome.

Le guardie, approfittando di quel momento di silenzio, sollevarono di peso il moribondo, lo collocarono in una carrozzella e via alla Questura.

Pilone non ebbe il dolore di vederla! Entrando la carrozza in quel temuto portone il brigante morì! Fu frugato; ed ecco l'inventario minuzioso di tutto lo strano reparto:

1. Intorno al collo, un abitino contenente la immagine di S. Ciro.
2. Nelle tasche un piccolo reliquiario in ottone contenente un pezzettino delle ossa della beata Francesca, di S. Colombo, di S. Giustino ed un poco di velo della Madonna.
3. Una immagine di S. Maria delle Paludi.
4. Una meditazione per la passione di Nostro Signore Gesù Cristo.
5. Un pezzettino di carta sul quale stava scritto: *Antonio Cozzolino, io son figlio alla Madonna Addolorata perché in gielo ce il signore che più di esso ce il padrone.*
6. Un pezzo del giornale «Il popolo d'Italia» del 20 maggio 1870.
7. Un abbicì, seguito da una dottrina cristiana.
8. Un portafogli con taccuino.
9. Un fazzoletto bianco di battista estremamente fina, con due P ricamate all'angolo e sopra di esse una corona. Era forse un ricordo.
10. Un portafiammiferi in rame.
11. Un grosso astuccio di cuoio per gli occhiali.
12. Una fotografia di lui, Pilone, nuova, pulita coll'indirizzo del cartolaio Migliorato.
13. Lire quaranta in carta e pochi soldi.

Nel portafogli fu pure trovata la seguente lettera diretta ad un certo Francesco Scarano:

Caro amico,

prima vi saluto e poi spero che la mia servitù non sia a voi dimenticata, oggi mi rattrovo un punto peggiore di voi, vi prego portarvi nella strada Nardones n° 83, pian terreno che debbo ragondarvi alcuna cosa che non posso scrivere, la mia permanenza sarà alle ore 24 spero che non vuol mangare, se si sente in comodo allora alla mattina a le 8 della immaculata porta di massa non altro vi porgo i saluti di fra Giuseppe che ora trovasi in Gerusalemme e sono il vostro amico Vincenzo Andreazzo.

Le adiacenze della questura, per due giorni, si videro affollate di gente per vedere il famigerato brigante. Era il corpo di una bianchezza estrema, senz'adipe, di una fisionomia calma e quasi dignitosa con piedi e mani quasi signorili. In tutto un certo che di placido ed attraente. Ecco il cadavere di Pilone.

* * *

Da quanto ho esposto intorno ad Antonio Cozzolino appaiono chiarissime due cose:

1.° Che egli non era un uomo brutale dedito al delitto, come Gasparone, Guercio, Parafante, Bizzarro, Basso, Crocco, Caruso, Giordano, Cima, Ninco Nanco, Fra' Diavolo, ecc. che ammazzavano per diletto, e s'inebbriavano alla vista del sangue. Pilone, invece, si contentava di far ricatti, perché gli si faceva credere (come mi fu assicurato anche da due superstiti di detta banda) che così volevano i Borboni.

Pilone per le sue facoltà mentali fu suggestionato in tal modo da alcuni sfruttatori della cessata dinastia, da trarlo in perdizione come fu fatto con non pochi altri cittadini, i quali da oneste persone divennero temibili criminali.

2.° Che Pilone, dopo aver lasciato Palermo, se non fosse stato perseguitato dalla Guardia Nazionale, avrebbe continuato ad essere un onesto operaio, sul quale non cadrebbero ancora le maledizioni della società!

Processo contro Pilone per il riscatto del marchese Avitabile*

Ben conoscete, o signori, quanto rumore levó il riscatto del marchese Avitabile operato dalla banda di Pilone. Riacquistata avendo il medesimo la libertà mediante lo sborso d'una egregia somma di danaro, il 5 febbraio 1863 sporse alla punitrice giustizia querela per quel crimine audacissimo. Da questo documento, cui conviene aggiustar fede in considerazione della persona rispettabilissima da cui proviene, emergono alcune circostanze che sarà prezzo dell'opera il farvi presenti.

Nel mattino del giorno 30 gennaio 1863 essendo egli uscito dal suo casino di Torre del Greco onde cacciare in un suo fondo, si vide circondato da più persone armate le quali gl'imposero di gettare a terra il fucile e gli dissero di doverlo accompagnare dal loro capo *Cavalier Pilone. Salimmo*, ei dice, *verso il Vesuvio, e giunti all'angolo inferiore del bosco di pini di proprietà del signor Califano, incontrammo un individuo armato, con cappello alla calabrese, con pennacchio bianco e rosso, se non erro avea giacca bleu e calzoni color rubbia con fascia. Gli pendea una medaglia sul petto ed avea qualche nastro sulla giacca, simbolo di ordine cavalleresco.*

Prosegue narrando come Pilone facesse scrivere dal suo segretario e firmare da esso querelante una lettera di richiesta alla di lui famiglia di ventimila ducati; come quel capo brigante lo minacciasse se il ricatto non veniva pagato nella sera.

Soggiunse (così dice l'Avitabile) *ch'egli* (Pilone) *agiva per disposizioni venute da Roma; che dal momento che i comitati borbonici di Napoli aveano mangiato persino i duemila ducati che Francesco II gli avea rimesso per munizioni, il suo corrispondente gli diceva da Roma che il padrone permetteva a lui di avvalersi di tal mezzo per far danaro quando ne mancava pel mantenimento della banda. Mi fece leggere in giustificazione una lunga lettera da Roma, dalla quale rilevavansi diversi particolari, che tutti con precisione non ricordo. I principali erano che il padrone* (ossia Francesco) *vole-*

va conoscere i suoi gloriosi combattimenti e voleva che in essi non avesse troppo esposto la sua preziosa vita; che avesse subito mandato la sua signora (cioè la moglie) *in Roma, con la famiglia, ove non avea bisogno di portare altro che i vestimenti; che il padrone permetteva di servirsi del mezzo... per far danaro. Era scritto poi: e voi mi capite... ed aggiungeva di non potergli parlare più chiaramente. Pilone traduceva queste ultime frasi interrotte nel permesso di fare ricatti. Mi fece leggere pur un diploma, ma non ne ricordo il tenore, poiché in quel momento vedendo scendere dal Vesuvio otto o dieci individui che mi sembrarono bersaglieri temetti della vita. Pilone però spinse innanzi immantinenti una ricognizione e mi disse: «non abbiate timore, se sono i profossi (alludendo ai soldati) vi sono avanti gli altri compagni i quali li faranno stare a dovere. Essi sono passati questa mattina poco prima di noi e non ritorneranno più per questa giornata».*

Non sarà poi inutile che fermiate il vostro pensiero su quest'altro brano della deposizione Avitabile: *Dopo tal discorso incominciarono quasi tutti i briganti a dirmi che se pel mio riscatto soffriva il dispiacere di sborsare una forte somma, quella mi sarebbe stata utile per la protezione del cavaliere Pilone, la quale avrei potuto implorare al prossimo ritorno di Francesco II a primavera; mentre i tedeschi avevano fatto sapere a Vittorio Emanuele che se per tutto marzo non andava egli a Venezia sarebbero essi andati a Torino. Che in quell'epoca non essendovi in queste provincie più di trentamila soldati piemontesi (ch'essi chiamavano ladri) sarebbero stati scannati dal popolo e dai soldati stessi delle nostre provincie che si trovavano uniti ad essi.*

E qui osservate, o signori, di quali fole la reazione alimenti l'immaginazione e le speranze di questi sciagurati; e voi che nella vostra perlustrazione udiste e vedeste con quanto disciplina ed ardore i giovani coscritti napoletani si stringono attorno alla bandiera dell'unitá italiana, dite, s'egli è possibile, che impugnino a guerra fratricida quelle armi che loro ha consegnato la patria.

* Dalla *Relazione della commissione letta alla Camera dal deputato Stefano Castagnola nella tornata segreta del 4 maggio 1863.*

Giuseppe Caruso
il brigante al servizio di Pallavicini

Le notizie che riguardano il brigante-spia Giuseppe Caruso le deduco da alcune note autobiografiche di detto brigante, edite ed illustrate dal colto capitano Eugenio Massa e favoritemi dal dottore Basilide del Zio.

A questo egregio collega, che è riuscito ad immortalarsi per le sue ricerche di sociologia criminale, ed ai suoi due fratelli Floriano ed Ireneo, che mi onorano della loro preziosa amicizia, mando un sincero ed affettuoso saluto.

* * *

Giuseppe Caruso nacque in Atella, che trovasi in quel di Potenza, nel 1820 e morì nel 1892 quando cioè contava 72 anni.

Chi dà uno sguardo alla fotografia di lui si avvede subito trovarsi innanzi ad un individuo anormale.

Infatti la sua enorme mandibola, la sporgenza degli zigomi in avanti, l'asimmetria della faccia, la sporgenza delle arcate sopracciliari, l'infossamento degli occhi, l'ampia bocca ecc. sono tutte cose che ci fanno pensare che l'uomo di cui ci occupiamo non doveva, al certo, essere un innocuo agnello.

Giuseppe Caruso, che esordì come agricoltore e finì brigadiere delle guardie forestali a cavallo nella tenuta di Monticchio, nel 1861 fu accusato d'avere *ucciso* in Atella, durante una dimostrazione politica, un milite del plotone lucano ed allora per non esporre la sua schiena alla fucilazione pensò darsi alla campagna arruolandosi nella banda Crocco, che, nell'epoca in discorso, seminava strage e terrore per Monticchio e Lagopesole.

Giuseppe Caruso, per le sue buone qualità brigantesche, ben presto si attirò la simpatia del suo capo Carmine Donatelli Crocco, che lo elevò al grado di sottocapo; ma un bel giorno *Zi-Beppe*

così era chiamato il Caruso, in luogo di eseguire gli ordini di Crocco, si staccò dalla comitiva e andò a costituirsi al generale Fontana, che trovavasi in Rionero.

Per i suoi precedenti la giustizia di Potenza regalava al Caruso sette anni di lavori forzati.

Mentre si trovava in carcere, per ottenere la libertà, si offerse di voler fare la spia alla banda di Crocco.

Questo suo desiderio lo fece esprimere al Pallavicini, il quale, a sua volta, fece venire innanzi a sé l'ex bandito per prendere gli opportuni accordi.

Zi-Beppe, così disse al generale:

«La banda Crocco continua a desolare colle sue gesta i paesi del circondario, e non sarà facile poterla distruggere; poiché il capo è assai destro e scaltro, e, quello che più vale, conoscitore dei più minuti nascondigli di queste numerose boscaglie. Io, che fui già colla banda Crocco, ed ebbi ad abbandonarla per grave contesa, corsi ora, nel carcere, pericolo di morte per opera della stessa sua mano, onde voglio vendicarmi di questo infame attentato. Domando a Lei, quale capo delle truppe della zona, di venire utilizzato alla caccia dei briganti.

Libero di me, io vorrei non dico esser soldato ma mettermi a guida delle truppe per dirigerle nelle guerriglie contro i briganti, avere talvolta a mia disposizione pochi e valorosi soldati per scovare il Crocco e i suoi compagni nei loro ricettacoli, negli antri più nascosti delle selve e con una persecuzione costante, spietata ucciderli ad uno ad uno o costringerli ad una resa forzata».

Zi-Beppe iniziò la sua nuova carriera con una brillante operazione. Egli guidò la truppa al bosco di Zampaglione su quel di Calitri ed ivi, nel *Casone,* sorpresero la banda Crocco. Nel conflitto rimasero uccisi quattro briganti, altri sette furono feriti, e caddero nelle loro mani venti cavalli completamente bardati. Sequestarono inoltre molte vettovaglie.

«Da Zampaglione seppi» – dice il Caruso – che il Crocco si era ritirato nel bosco di Buccino e precisamente a Cascina Ripa S. Pietro, per cui mossi risoluto ad attaccarlo nella sua nuova posizione.

Avvertito dell'approssimarsi di persone sospette, il Crocco si salvò internandosi, pel vallone Rosai, nel più fitto della boscaglia di Monticchio, ma non tanto in tempo per la sua banda che lasciò morti nelle nostre mani quattro briganti ed un frate certo padre Serafino da Monte Sant'Angelo, che sotto l'abito di religioso nascondeva un cuore di belva, ed era tra i briganti di Crocco uno dei più brutali».

Zi-Beppe, dopo lo splendido risultato ottenuto nel bosco di Monticchio, non se ne stette, come suol dirsi, colle mani in cintola; poiché, dopo alcuni giorni, venuto a conoscenza che Crocco si trovava colla banda acquartierato in una boscaglia vi si recò con alcuni bersaglieri travestiti da briganti.

Dopo un faticoso cammino attraverso mille difficoltà inaudite la banda di Crocco, che aveva lasciato la masseria di Guglielmucci, all'alba, fu sorpresa al di là di Pidrallo.

Volle però sfortuna che un bersagliere, nello scivolare, fece partire un colpo di fucile inavvedutamente.

A quella detonazione la banda, senza pensarci due volte, s'internò nella macchia.

«Con i miei soldati – scrive il Caruso – presi posizione lungo un sentiero dominante ed aprii il fuoco contro i fuggenti; ad un dato punto mi fu dato scorgere Crocco, col suo berretto da comandante in capo, galoppare in coda alla piccola colonna. Sicuro di non fallire puntai la mia carabina e feci partire il colpo. Il *Generale* colpito in pieno viso, malgrado la distanza di 200 metri, ruzzolò al suolo, mentre il cavallo continuò la sua corsa vertiginosa. Coll'animo trepidante e colla gioia nel cuore, in men che si dica, percorsi quei 200 metri ben lieto di portare in trofeo al Pallavicini il corpo del mio fiero nemico.

Ma, ohimè! il Crocco, forse presago di sventura, aveva pensato di far portare il suo berretto dal servo fidato, e così si era miracolosamente salvato da morte sicura.

Questo fatto influì tristemente sull'animo di Crocco, che, spaventato di così frequenti pericolosi incontri in luoghi a tutti ignoti, tranne che a lui ed ai suoi, ebbe paura, lamentandosi colla banda con voce concitata, sospettando che tra gli stessi briganti si nascondesse qualche traditore.

Il generale Pallavicini

Il generale Emilio Pallavicini tra i suoi ufficiali

Da Pidrallo, dopo una velocissima fuga durata parecchie ore, egli s'internò nelle boscaglie poste a nord del lago levantino, occupando le creste dei monti, ove dall'alto poteva dominare tutto all'intorno l'aperta campagna.

Né di ciò contento, sempre timoroso d'incappare nelle pattuglie da me guidate, raddoppiò le misure di sicurezza, allontanò qualche gregario della fedeltà del quale dubitava e quasi ad imitazione dei bandi del regio Governo promise un regalo di parecchie centinaia di ducati a quelli tra i suoi seguaci o manutengoli che gli avessero presentato me vivo o morto...

Il Crocco, perseguitato da una caccia insistente ed accanita, perdette la solita audacia, egli, generalmente baldanzoso o temerario, di fronte a me, che rappresentavo un ex suo sottocapo, divenuto più tardi rivale per questione di mestiere ed ora suo nemico acerrimo e suo persecutore, ebbe paura».

Un giorno, a mezzo di denaro, seppe il Caruso da una spia di Crocco, creduta da costui incorruttibile, che il famoso brigante si trovava nel castello di Lagopesole in attesa del risultato di un tentato riscatto verso un signore di Pietragalla.

Coll'autorizzazione del generale Pallavicini, il Castello fu circondato e i briganti, che si trovavano a bivacco, furono attaccati alla baionetta.

Dei briganti alcuni fuggirono verso il Bradano, dove andarono a finire nelle mani dei soldati, altri, che cercarono salire il torrente Salice, furono pure presi, e parecchi altri furono uccisi.

Crocco, per una grotta, si salvò.

«Scampato così miracolosamente egli errò per il fitto dei boschi, reggendo quale leone ferito e giurò in cuor suo – dice il Caruso – di bere il mio sangue.

Chiamati a raccolta gli antichi e fidati suoi capi venne decretata la mia morte, il Coppa promise per suo conto di ubriacarsi del sangue mio; Teodoro, più onesto ma non meno feroce, voleva riservata a sé la mia testa per farne un presente ai miei di casa, il Tortora, fra tanta barbarie, si contentava della mia lingua, ed il Volonino, più effeminato e buon gustaio, voleva qualche altra parte del mio corpo...

E così uniti studiarono in mille guise vari progetti per avermi nelle loro mani, e già pensavano a vendere la pelle dell'orso, senza contare che l'orso, a sua volta, mostrava le zanne».

Il Crocco, non trovando più pace per le continue persecuzioni, cercò imitare lo spagnuolo Borjés col penetrare negli Stati Pontificii e dopo disastrose marce riuscì a giungere salvo in Roma senonché la fama sua di brigante feroce e brutale era nota alla Curia Romana, per cui Pio IX ebbe timore che il Crocco continuasse nel territorio papale le sue gesta brigantesche e credette utile chiuderlo in carcere.

La Basilicata, colla scomparsa del Crocco, non poté ritenersi risanata dal brigantaggio; poiché Tortora, Sciacca, Teodoro, Volonino, Totaro, Coppa, Franco, Ciardullo, Tranchella, Masini e Coppolone seguitarono a seminare strage e terrore per quelle contrade.

Non parlo del feroce e brutale aiutante del Crocco, Ninco-Nanco, il quale fu ucciso dalla truppa presso Avigliano; ma mi occupo di un'altra jena, il Tortora, il quale, al dire del Caruso, voleva sempre a sé il diritto di suppliziare i soldati caduti prigionieri, e vantava con orgoglio di averne, di sua mano, sgozzati più di cento durante la sua carriera brigantesca, non escluso qualche ufficiale, come ad esempio il Bollani del 7° fanteria.

Il Tortora, temendo di cadere nelle mani della giustizia, poiché le autorità militari avevano fatto seguire numerosissimi arresti di persone sospette di manutengolismo, dopo lungo tergiversare, si arrese al generale Pallavicini a patto di aver salva la vita. Fu condannato ai lavori forzati a vita.

L'esempio del Tortora fu imitato da Vincenzo Di Giovanni soprannominato *Totaro,* il quale, previo patto di non essere fucilato, si presentò al suddetto generale con Romolino Michele di anni 29 da Sanfele, con Berardino Marrarmo di anni 21 di Atella, con Faustino Giovanni di anni 22 da Sanfele, con Lorenzo Massaro di anni 27 e con Carmine Cajaccio. Meno il Marralino, che fu condannato a 15 anni di lavori forzati, gli altri furono condannati a vita.

La banda Totaro infestò il Melfese per più di quattro anni. Teatro delle sue nefandezze fu quasi sempre il territorio di Sanfele. Il Del Zio dice sul riguardo che chi per poco scorre il processo e la sentenza del tribunale di guerra del 30 giugno 1863 avrà da abbrividire per tanta efferatezza e tanti delitti.

L'ex brigante Caruso dice del Totaro che un giorno, avendo incontrato in un bosco un soldato dell'II° fanteria, se ne impadronì e, dopo averlo legato ad un albero, incominciò a punzecchiarlo a colpi di stocco e di coltello, poscia gli recise le orecchie, gli strappò gli occhi, e, dopo averlo evirato, lo ridusse a pezzi.

Del Zio riferisce che un giorno i componenti la banda del Totaro sequestrarono un contadino Sanfelese, piuttosto largo di censo, lo ligano su di una catasta di legna e vi appiccano il fuoco. Agli sforzi che quel disgraziato fa cercando di sottrarsi, i banditi lo ricacciano fra le fiamme a colpi di coltello; e in breve tempo morì sul rogo!...

Ad un altro il Totaro di persona gli mozza il capo e, secondo risulta dallo stesso processo, lo conficca sopra un palo e, come se fosse stato un trofeo, lo porta seco per inviarlo a Sanfele.

Sequestra un giorno una fanciulla sua concittadina e la trascina al bosco. Dopo due mesi fa sapere alla madre di venirsela a prendere. Corre questa sventurata per riavere la sua creatura, di lontano la chiama, se le accosta... ma la fanciulla è spenta, un colpo di fucile le aveva fatto saltare le cervella.

Totaro è sordo alle preghiere della madre per dare la sepoltura alla figlia; ed egli, quella jena, *tu piangi*, le grida, *valla a raggiungere*. Ed una fucilata le passa il cuore, cadendo ai piedi della figlia, mentre un riso beffardo sfiorava le labbra del bandito. Totaro era principalmente implacabile contro i concittadini suoi. Un giorno sorprende un vecchio, il quale aveva nella banda un nipote; questi gli punta il fucile nel petto e lo uccide.

Altra volta, per vendicarsi di un suo concittadino, sequestra il figlio e gl'impone mutarsi in bandito ed a prova gli dà ordine di uccidere la prima persona che incontra. Il povero ragazzo tutto tremante s'imbatte infatti con un infelice contadino e Totaro gli ordina di esplodergli addosso il fucile: non lo coglie e la minacciata vittima fugge. Allora Totaro la insegue, la raggiunse e la uccide con un colpo di fucile. Ritorna sul posto, ed al ragazzo che piangeva gli grida: «Per non farti più piangere vallo a raggiungere». E gli passa con una fucilata il cuore.

Un altro giorno sequestra cinque Sanfelesi e li mena nel bosco.

Due hanno la fortuna di fuggire e mettersi in sicuro, gli altri invece hanno le membra lacerate a brandelli e sono ridotti deformi cadaveri. Un altro, che cerca di fuggire, viene accerchiato ed il Totaro, sempre con quel sorriso beffardo che lo distingueva, dice ai suoi: «Ognuno lo colpisca per conto proprio», e tra grida e strazi raccapriccianti di percosse, di punture, di carne strappata, lo finiscono.

«Ad uno di Bella – scrive il Del Zio – Totaro richiede ingente ricatto. E come risulta dal processo, avendo quel disgraziato risposto di non aver denaro, il Totaro grida ai suoi: 'Dacché è povero, succhiamogli il sangue'. E si avventarono: l'infelice cade, boccheggia, e, senza pietà, lo trafiggono di 28 pugnalate ed indi ognuno con la lingua ne pulisce la lama».

A proposito del Totaro, il Caruso racconta il seguente episodio: «Eravamo, se non erro, nel settembre del 1862, addetti entrambi alla banda di Crocco, allora potentissima, ed occupavamo la chiesa di S. Michele alle falde del Vulture.

Due soldati di fanteria, non ricordo con esattezza il reggimento, ma parmi fossero del 62°, sperdutisi nella boscaglia, erano stati condotti dinanzi al nostro *Generale*.

Il Crocco li interrogò ripetutamente per aver notizie della forza della truppa di Melfi; ma, non ricavandone niente, ordinò che fossero condotti sulla via buona, e schizzando l'occhio fece comprendere che dovevano essere fucilati.

Tale doloroso incarico fu affidato a me, quale sotto capo, coadiuvato dal Totaro e dal Finno.

Mentre camminavamo per la boscaglia pensando alla sorte di quei disgraziati, mi sentivo venir meno la forza di ucciderli, per cui cominciai a scrutare il pensiero dei due miei compagni. Il Finno conveniva con me che essi erano due poveri figli di mamma, costretti dalla legge a fare il loro servizio e che disubbidendo agli ordini superiori sarebbero magari stati fucilati, quindi non era a loro da attribuirsi alcuna colpa, ma a chi li comandava.

All'opposto il Totaro, quasi deridendo la nostra pietà, voleva per sé l'onore di seviziare quei due poveri militi, ed insisteva perché si facesse presto ad eseguire gli ordini di Crocco.

Mentre così si ragionava, una sentinella in ritirata ci raggiunse, avvertendoci che per le vie di Foggiano era in vista una compagnia di soldati. Ordinai imperiosamente al Totaro di correre ad avvertirne Crocco, mentre io col Finno avrei risoluta la questione dei due nostri prigionieri.

Malvolentieri e a denti stretti si allontanò il Totaro, mentre noi avanzammo ancora pel bosco.

Quando fummo certi che non potevamo esser visti, liberammo dai lacci i prigionieri, che, poveretti, più morti che vivi si raccomandavano a tutti i santi del Paradiso e poscia, dopo di averli avvertiti di essere più guardinghi per l'avvenire, additammo loro la via di Foggiano invitandoli ad allontanarsi per quella direzione.

Come se avessero le ali ai piedi, quei due poveretti si allontanarono timorosi di essere colpiti alle spalle; ma quando già lontani si volsero indietro e ci videro colle armi ai piedi ci mandarono colle mani i baci in atto di ringraziamento e di saluto.

Sparammo in aria due colpi per cadauno e poscia di corsa rientrammo nella chiesa, informando Crocco che vendetta era stata compiuta».

Vincenzo di Giovanni, alias Totaro era di mezzana statura, forte e robusto. Mostrava, come la maggior parte dei delinquenti sanguinarii, colorito pallido, orecchie ad ansa, fronte sfuggente, sguardo torvo, che diveniva addirittura feroce quando aggrottava le sopracciglia.

Una folta e ruvida capellatura copriva il capo di questo essere pericoloso alla società.

Il Totaro aveva i canini talmente sviluppati, che un giorno ricorse ad uno dei suoi dipendenti per farseli limare.

La barba l'aveva ispida e sprovvisto di peli mostrava il mento.

Caiaccio Carmine, che non si mostrava secondo al Totaro nel commettere delitti, aveva caratteri mongoloidi, cioè prognatismo, obliquità degli occhi, scarsezza di peli, folta capellatura e profatnia.

Faustino Giovanni aveva le orecchie a punta con lobulo fuso e plagioprosopia.

Massaro Pietro era prognato.

Al dire di *Zi-Beppe*, «l'uomo più brutale che sia vissuto sulla terra fu il brigante Coppa, che, per le sue nefandezze, fu dai briganti elevato al grado di *Maggiore*».

Questo mostro era nativo di San Fele; un bastardo cresciuto nell'ignoranza e nel vizio, che fattosi bandito, per non essere soldato, commise più atti di barbarie che abitanti annoveri il suo popolato paese nativo.

Fratricida per bisogno di sangue, scannò di sua mano buon numero di briganti, solo per il fatto di non aver obbedito ciecamente agli ordini suoi, o per avere espresso il desiderio di presentarsi alle autorità militari.

Il Coppa era solito bere il sangue delle sue vittime e di tale suo pervertimento andava superbo, vantandosene coi compagni e chiamando paurosi e vigliacchi coloro che rifuggivano dall'imitarne l'esempio.

Durante la sua vita brigantesca *Zi-Peppe* ebbe più di una volta ad altercarsi col Coppola, e, a dirla schietta, l'ex guardabosco della tenuta di Monticchio lo temeva; poiché il Coppola, vigliacco, come tutti i delinquenti nati, era solito colpire a tradimento.

Infatti, mentre dormivano, scannò otto dei suoi compagni, i quali si erano lasciati scappar di bocca che erano intenzionati di presentarsi al generale Della Chiesa.

«Quando cadevano nelle sue mani dei poveri militi – seguita il Caruso – non ci era atroce supplizio che ei non escogitasse per torturare le sue vittime.

Assai scaltro e destro, ardito sino all'audacia, sempre brutale e terribile anche nello scherzo, questo mostro ebbe la fortuna di sfuggire al piombo della forza pubblica, e nella sua lunga carriera arrecò più male al suo paese, che non un anno di peste o di altro terribile contagio. A me, che gli movevo guerra incessante, mandò a dire che mi avrebbe teso tale tranello da farmivi certamente cadere e di avere inventato, per me, un nuovo sistema di tortura.

Malvisto e tollerato a stento dai suoi, egli imperò nella banda del Crocco finché ebbe a compagni un Ninco-Nanco, un Totaro e un Tortora a lui somiglianti in ferocia; ma, questi caduti, la banda, che egli dirigeva, stanca delle sue prepotenze, compì di sua mano vendetta, perché, mentre ei dormiva, bravamente venne scannato.

Erano caduti sotto i colpi della forza armata il Palmieri, il Malacarne, il Maziariello combattendo in aperta campagna. Lo Schiavone era stato fucilato a Melfi ad esempio delle popolazioni, altri si erano spontaneamente presentati, dimodochè posso affermare, senza tema di essere contraddetto, che allo spirare dell'anno 1864, od al massimo al principio del 1865, il Melfese era stato liberato da numerosi briganti, che, per diversi anni, avevano ivi sinistramente signoreggiato. Il merito principale di codesta utilissima depurazione è devoluto, in gran parte, all'intelligente e zelante opera del generale Pallavicini e all'instancabile operosità delle truppe poste ai suoi ordini.

Indirettamente, ed in guisa minima, contribuii anch'io al buon risultato dell'ardua impresa, e se ciò sostengo ora, dopo tanti anni, è perché n'ebbi la convinzione materiale e costante benevolenza che il buon Generale serbò e serba sempre per me».

Da quanto sopra è stato esposto, intorno al degenerato Giuseppe Caruso, appare chiaro che era un megalomane che, se si offrì per dar la caccia ai suoi ex colleghi, non lo fece, come voleva far credere, per liberare il paese dal brigantaggio, mettendo in mezzo financo la fiaba che l'odio contro il Crocco si era in lui acceso, perché aveva saputo che detto capo-brigante gli voleva far pervenire nel carcere i cibi avvelenati, «e così disfarsi di un testimone che molte cose sapeva sul suo conto».

Giuseppe Caruso, e questo lo dice il Bourelly nel suo «*Brigantaggio nelle zone di Melfi e di Lacedonia*», fu uno dei più feroci e sanguinarii briganti che componevano la banda Crocco, della quale, in più circostanze, prese il comando.

In lui non ci era che sete di sangue; e giammai vi fu un sentimento di pietà, né risparmiava alcun mezzo, anche il più crudele ed inumano, purché otteneva il suo intento. Interrogato un giorno perché uccidesse tanti contadini, che non gli avevano fatto alcun male, con cinismo ributtante rispose: «perché ero certo che la truppa, trovando un morto, si fermava, ed io intanto avvantaggiavo su d'essa mezz'ora di cammino».

Eppure questa belva, da vero gesuita, scrisse nella sua autobiografia di aver avuto compassione dei *poveri figli di mamma*!!

Giuseppe Caruso, che era un abilissimo tiratore, voleva uccidere Crocco a solo scopo di ricevere il prezzo della taglia, che ascendeva a lire ventimila.

Ed io, che ho avuto la pazienza di leggere buona parte delle domande inviate alla *Commissione pei danneggiati del brigantaggio*, ho notato che dopo la pubblicazione di questo avviso:

PROVINCIA DI BASILICATA
COMMISSIONE PROVINCIALE

Per la repressione del Brigantaggio, e per la distruzione del fondo raccolto dalla Sottoscrizione Nazionale.

La Commissione, nella tornata del 14 andante, ha deliberato che saranno concessi i seguenti premi a coloro che assicureranno in un modo qualunque alla giustizia i seguenti Capo-briganti che infestano la Basilicata:

1° Un premio di Lire 20,000:00 pel Capo-banda CARMINE DONATELLO CROCCO.

2° Un premio di Lire 15,000:00 pel Capo banda GIUSEPPE NICOLA SUMMA NINCO-NANCO.

3° Un premio di Lire 12,000:00 pel Capo-banda ANGELANTONIO MASINI.

I suddetti premi saranno pagati in pronti contanti dal Cassiere della Commissione in vista del servizio prestato.

Per gli altri Capo briganti resta fermo il premio di Lire 9,000:00 promesso col manifesto del 19 gennaio 1864.

Potenza 15 Febbraio 1864.

Visto
Il Prefetto
VEGLIO

Il Presidente
Cav. P. CICCOTTI
Il Segretario
G. M. ROSSI

s' iniziò un'accanita caccia contro i briganti.

I manutengoli divennero carnefici, i timidi si trasformarono in coraggiosi e così il dio *denaro* ebbe pieno... trionfo!

Alfonso Carbone

Alfonso Carbone divenne masnadiere nel 1868 proprio quando il brigantaggio stava agli sgoccioli.

Il voluminoso processo, che riguarda questo eroe della macchia fu esumato nel 1891 dagli avvocati Nunziante Palmieri e Paolo Anania De Luca, i quali avanzarono, per questa *fisionomia gentile del napoletano,* così chiamò Lombroso il Carbone, ricorso di grazia a S. Maestà Umberto I.

Dalla bellissima monografia scritta da così illustri nomi spigolo quanto segue:

Alfonso Carbone nacque in Montella nel 1847; cioè in quel paese che dette all'avellinese il maggior contingente di brigantaggio.

Nei suoi sogni adolescenti, in quell'età così gioconda e spensierata, egli s'era dipinto un avvenire di quiete e di pace, nella grande poesia del lavoro dei campi e dell'affetto domestico.

...Invece, quando aveva solo venti anni, il destino gli aveva già addensato sul capo la procella più nera. Un suo fratello, in un processo estremamente dubbio e indiziario, veniva condannato ai lavori forzati unicamente in omaggio alla deposizione rabbiosa e violenta d'un nemico, Salvatore Gambone; e non basta: è uopo anche aggiungere che la sua disgraziata famiglia da quel processo in poi non fu lasciata più tranquilla; ogni inezia diventava una buona ragione per farla bersaglio a tormentose persecuzioni. E come se tutto ciò fosse stato poco, il Carbone, per quel suo carattere risentito e vivace, fu preso in sospetto di manutengolo, e la giustizia, non perdendolo di vista, lo additava come un pericolo sociale e gli si stringeva dattorno con misure esagerate, le quali ad un cuore già tanto scosso ed esacerbato dovevano riuscire addirittura lame penetranti di pugnali.

...Egli, inoltre, non ignorava che essere in quei tempi sospettato in connivenza coi briganti, era la più tremenda delle iatture;

e non ignorava... che una giustizia troppo rapida e affrettata aveva, non di rado, travolto rei e innocenti nella medesima rovina... Intravide nel suo buio avvenire la galera o anche la fucilazione, e alla giustizia che, tra l'aprile e il maggio del 1868, lo ricercava, egli, atterrito, si sottrasse con la latitanza.

Esule dal suo paese e dalla sua famiglia, incalzato, come lupo mannaro, a quella età e vergine d'ogni reato, errando di montagna in montagna, con lo sgomento e la desolazione nel cuore, ebbe ancora la sventura d'imbattersi in Ferdinando Pico, quel Pico, che adescò tanti giovanetti al brigantaggio. Inesperto com'era e col cervello travolto dalla sua disperata situazione, la quale gli dava, inesorabile, un diritto di scelta tra la galera o la vita libera del masnadiero, cedé alle persuasioni di quel ribaldo... si fece brigante.

Ma il Carbone non era nato al mal fare, era un delinquente di occasione, e non un delinquente nato. Appena caduto nell'impeto disperato dei suoi disinganni, dappoichè egli si sentiva vittima dell'altrui malvagità si lasciò trasportare ad atti di violenza selvaggia contro i suoi persecutori; ma questi uragani di lava rovente, questi scoppi improvvisi di passioni e di energie, che valsero, in un mese, a dare sì triste celebrità al suo nome, si spensero in un momento. Egli tra l'aprile ed il maggio del 1868 diventava brigante e nel settembre di quell'anno aveva già compiuta la sua carriera criminosa, e non seguiva che macchinalmente gli sciagurati compagni. Chi studia i numerosi processi della banda Ferrigno-Pico *(Archivio del Tribunale di Avellino* N. 3083 e 3783) trova che la figura del Carbone non emerge singolarmente che nei primi quattro mesi della sua vita brigantesca, dal maggio al settembre 1868, per tutti i reati che si commisero in seguito, sia nel Salernitano che nell'Avellinese, non s'incolpava il Carbone, se non per la celebrità che lo circondava, e soprattutto perché era notorio ch'egli prima fosse stato un masnadiere della banda Ferrigno-Pico e che poscia, sparito il Ferrigno, avesse egli, assieme al Pico, ricostruita la banda ed avveniva che questa consumava i reati, e nei processi naturalmente venivano rubricati tutti, in blocco, senza darsi pensiero della parte rappresentata da ciascuno. Ma, come si vedrà, il Carbone aveva in orrore quella vita tra i patimenti ed i delitti: dopo lo scoppio violento dei primi quattro mesi, nei quali egli fece le vendette sanguinose di colui che lo aveva condotto indirettamente alla disperazione di cercar quartiere tra le masnade brigantesche, in mezzo al sibilo dei serpenti, e di due spie le quali, fintesi briganti con l'accordo della Pubblica Sicurezza, tentarono mille insidie alla banda e a lui soprattutto non escluso il veleno. Dopo, il Carbone, quasi scompare dalla scena e il suo nome, nella banda, figura solo come numero.

Insomma la sua vita delittuosa segna una linea parabolica dal 10 maggio al 6 settembre del 1868, dall'omicidio di Salvatore Gambone, che è il solo e vero reato, che egli consumava, cedendo ad un sentimento di vendetta cieca e furibonda al ratto di Dora... la bella creatura quindicenne della quale egli era perdutamente innamorato. Ma, quando rapì la sua Dora, egli non era più che un brigante di nome, e il racconto della rapita, che nello studio dei processi ferma vivamente l'attenzione, ha note non prive d'interesse se non addirittura tenere e commoventi, le quali fanno tralucere la palingenesi morale, che, dopo soli quattro mesi di vita da fuorilegge, già andavasi operando nel cuore del masnadiere. Imperocchè tratta seco la giovanetta e lontano le mille miglia da ogni pensiero losco, era solo pago di ripeterle, nell'effusione del suo cuore giovanile, che l'amava tanto, che doveva farne la sua sposa e che per essa avrebbe affrontato tutti i pericoli. Essi, narra la fanciulla, erano sempre uniti, erranti di foresta in foresta, e la sera, lungi dalla masnada, si trovavano addormentati l'uno accanto all'altro...

Ebbene, se si pon mente che tutto questo non era che un amore... perfettamente platonico... il masnadiere si perde di vista, e tanta raffinatezza di sentimentalismo delicato, sullo sfondo della scena, dipinse la figura nobile e gentile di un cavaliere errante.

Gli amanti vissero così parecchio nella purezza immacolata di un idillio soave, verginale...

Se non che una notte, continua la rapita, la fibra rigogliosa dei venti anni si ridestò, e, dopo tante notti candide e innocenti, venne la prima notte di nozze... nell'aura balsamica della montagna... sopra un talamo di ginestre... al cospetto del cielo stellato!

E fu il suo ultimo atto illegale, consumato in mezzo a un nimbo di poesia e di luce.

Dicemmo che dal settembre del 1868 Carbone seguiva macchinalmente la banda. Questa, forte di ventiquattro persone, non commise nulla di notevole fino al principio della primavera del 1869.

Da quest'epoca, si rinnovano ricatti ed estorsioni e incominciarono a venire in mezzo, fra i due capi, dei dissidi tanto che sulla montagna di Solofra vi furono, fra i due comandanti, scambi di colpi di rivoltella, per cui restarono ambedue feriti.

In seguito a detti fatti la banda si suddivise in due squadre, una, con a capo Andrea Ferrigno, si riversò nel Salernitano, dove il 28 maggio fu in buona parte distrutta dalla Guardia Nazionale di Castiglione, e l'altra, diretta prima dal solo Pico, e poscia anche dal Carbone, restò nell'Avellinese.

Il Carbone convinto che col generale Pallavicini, che aveva il comando della zona, con poteri eccezionali, non ci si poteva tanto scherzare, pensò di deporre le armi e mettersi a discrezione delle autorità.

Questo suo desiderio lo fece partecipe prima ai suoi dipendenti e poscia al Pico. Costui, pur simulando, incominciò ad insinuare nell'animo degli altri sentimenti di rivolta contro il Carbone, affermando che questi avrebbe finito per sacrificarli e condurli al macello, come pecore; e, quando gli parve giunto il momento opportuno, si oppose a visiera alzata alla presentazione.

Il Carbone dapprima lo pregò, poi lo scongiurò e, quando si avvide che quel ribaldo non solo non cedeva, ma era addirittura riuscito a trarre dalla parte sua buona parte della banda, venuto il 2 settembre (1869) a contesa con lui lo freddò con un colpo di fucile al petto.

Il giorno 5 settembre all'1 p. m., al mulino comunale di Montella, al cavaliere Capone e al maggiore Orso, coi quali il Carbone aveva impegnata la sua parola, ed alla presenza di una immensa popolazione costituivasi l'intera banda, composta di undici briganti e dell'Antonietta Scarano da Solofra druda del Pico.

Essi andarono difilato alla Chiesa parrocchiale ed ivi deposero solennemente le armi.

I patti della resa furono:
1° Salva la vita per tutti.
2° Espiazione della pena in un'isola.
3° Raccomandazione per la grazia Sovrana a tutti per diminuzione di pena dopo la causa.
4° Liberazione di tutti i parenti.

Alfonso Carbone fu condannato a morte; ma per grazia Sovrana, la fucilazione gli venne commutata in lavori forzati a vita.

Nell'agosto del 1891, come abbiamo detto, gli uomini di cuore Paolo Anania De Luca e Nunziante Palmieri domandarono al nostro Re Umberto I la grazia per Carbone ed in tale occasione l'ex brigante così scriveva al Palmieri:

Bagno penale di Orbetello
il dì 8/7 1891

Stimatissimo Signore

Riscondro alla vostra in data 4 giugno nel sentire tale lavoro fatto dalle Signorie loro, mi sono portato dal mio superiore, e desso mi ha data ciò ch'Ella mi accennava;

Giammai mi credeva che le signorie loro fossero fatto si alto lavoro perme, io non so in che modo ricompensargli, spero che il nostro incomparabile sovrano vorrà dargli un benigno sguardo e allenirmi i miei patimenti mi raccomando alle Signorie loro se v'è qualche buon esito me ne terreti avvisato.

Io sono puro vostro patriotta non sono mica un forestieri mi dicono che il Signore D. Paolo e puro nostro patriotta, quindi mi pare che nella mia giovindù non furono in nessuna disgrazia.

Però se Iddio mi darà un po' di forza e il nostro Stato vorrà scemarmi un po' la terribile perpetuità, io farò il tutto per fare che le signorie loro non rimanessero con viso oscuro verso di me e qualche mio buono fattore.

Il lavoro fatto dalle Signorie loro è molto elegante, non mi credeva che vi erano persone che si fossero occupate per me chi sa un giorno potrebbe sdebitarmi di si beneficio.

Le Signorie loro mi scuseranno al mio ritardo, darò i più distinti ossequi al Signore D. Paolo, e il comm. Capone, a lei vi auguro i più felici giorni e sono l'umile di lei servo

CARBONE ALFONSO

D. S. Perdonatemi che vi è degli errori perché scrivo si alla lungo.

Cosimo Giordano

Cosimo Giordano nacque in Cerreto Sannita il 15 ottobre 1839, da Generoso e dalla messinese Concetta Isaia. A causa della sua costituzione fisica non potette fare il contadino e per le sue facoltà intellettuali fu incapace di apprendere qualsiasi mestiere.

Un barbiere del paese che gli fu maestro in lettere asserì che il Giordano, in due anni, non riuscì ad imparare a leggere e a fare la firma, poiché poche ore dopo la lezione già aveva totalmente dimenticato quanto sembrava avere appreso.

In seguito a questo insuccesso letterario il padre di lui, Generoso, fece del figliuolo dapprima un guardiano di porci e poscia di armenti; però il proprietario delle pecore, dopo un pezzo, fu costretto a licenziarlo, perché un giorno lo vide che faceva all'amore colle... pecore; e ciò a noi non reca meraviglia perché tutti gl'imbecilli sono lascivi, impudichi e pervertiti sessualmente.

Quando il nostro protagonista contava sedici anni divenne omicida poiché in un atto impulsivo uccise chi gli aveva ammazzato il padre.

Su tale uccisione ecco quello che ci è riuscito sapere.

Verso l'annottare del 28 giugno 1855 mentre Generoso Giordano, col figliuolo Cosimo, se ne tornava in casa, s'imbatté in Baldini Giuseppe al quale il Giordano doveva dare pochi carlini.

Il creditore, fattosi innanzi al debitore, lo coprì di villanie, perché mostravasi sordo alle giuste sue richieste.

Generoso gli disse che a causa della cattiva stagione non poteva, come avrebbe voluto, sdebitarsi e che, se avesse avuto un po' di pazienza, sarebbe stato soddisfatto l'anno appresso; ma quegli non volle sentir ragione e gli tirò sul capo un'accettata che lo rese all'istante cadavere.

Alla vista del sangue paterno, Cosimo si lanciò sull'assassino e gli cavò, con una tremenda coltellata, il pacchetto intestinale.

Commesso il misfatto, pallido come un cencio e cogli occhi dilatati dallo spavento, si andò a costituire in prigione.

La Corte criminale di Napoli, considerando che quell'uccisione era stata provocata dal legittimo dolore di figlio e dalla istantanea brama di vendicare la morte del padre, lo assolse.

Dopo l'assoluzione, temendo da parte dei parenti della sua vittima qualche vendetta, dette un addio ai monti, alle valli, alle boscaglie, ai porci e a madama... pecora e si trasformò in stalliere.

Nel 1857 entrò come garzone in casa del sig. Liberantonio Ciaburri, il quale spesso lo incaricava di recarsi in Guardia Sanframondi per acquistare dei liquori da Salvatore Morone, ed era nel caffè di costui che il Giordano, per una *mescolanza*, si azzeccava dei grossi ceffoni destando così l'ilarità dei presenti.

Giunto all'età di venti anni fu, per la sua alta taglia, incorporato fra i carabinieri a cavallo; ma perché inabile al servizio attivo, fu scelto come *trabante* dal tenente Cocozza.

Il Giordano, nel 1881, confessò al Misasi che alla battaglia del Volturno fece prodezze di paladino e sul campo di battaglia fu nominato da Francesco II capitano di gendarmeria.

«Come il capitano restò *trabante* non lo so, ma so che, trovandosi al quartiere dei Granili, portò via una valigia del capitano Cappellano contenente ottocento ducati.

Qui noto che Cosimo Giordano voleva farsi credere un capitano di ventura del Borbone detronizzato e non faceva questione di politica sul denaro dei Borboni o dei *carbonari*, come chiamava i liberali. Per lui era tutt'uno: la politica lo separava, il denaro lo univa».

Dopo la battaglia del Volturno, Cosimo Giordano visse per un pezzo in Cerreto, vilipeso, angariato e minacciato perché borbonico.

Il sindaco di Cerreto, che in quell'epoca era il barone Vincenzo Magnati, asserì che il Giordano partì come richiamato due volte per Caserta e quel Comando Militare, dopo due o tre giorni, non sappiamo perché, lo rimandava a Cerreto.

La terza volta non si presentò perché a Caserta veniva preso in dileggio dai Piemontesi; e fu, secondo alcuni, in seguito a tale mancanza, che contro di lui fu spiccato mandato di cattura; secondo altri, invece, perché Cosimo aveva due sorelle ed una cognata bellissima e qualcuno molto potente le ronzava intorno; ma Cosimo e il cognato di lui erano mastini troppo temuti e vigilanti. Onde perché le pecorelle rimanessero sole ed in balia dei lupi rapaci, Cosimo e al cognato si spiccò mandato di cattura, il che avvenne nel 10 maggio del 1861.

Cosimo fuggì, vagò per poco solo per le campagne; poi perché audace, forte, valoroso e col doppio prestigio d'essere stato un prode del primo ottobre e d'aver guadagnato il grado di... capitano sul campo di battaglia fu il condottiero di una banda brigantesca».

Al dire del brigante morconese Demetrio Peritano, che faceva parte della banda del Giordano e che venne arrestato il primo luglio 1861, i primi adepti di detto capobanda furono Francescantonio Basile, Errichiello Giordano, Vincenzo Ludovico alias *Pilucchiello,* Pasquale Mendillo, Liberantonio Ruzzo, Ferdinando Muccio, Giovanni Nigro, Saverio Finelli e Giuseppantonio Marazzi.

Essi avevano fatto centro delle loro gesta il monte Matese dal quale il Giordano emanava gli ordini per sollevare le masse popolari contro l'attuale Governo e spingerle ai delitti.

Una delle persone più influenti di Cerreto, l'avvocato Michele Ungaro, per togliere al suo paese nativo l'onta che lo faceva ritenere un covo di briganti, scrisse al Giordano, e al coadiutore di costui *Pilucchiello*, di costituirsi alle autorità, poiché essi non avevano commesso nessun delitto importante.

Pilucchiello, dopo aver, con lettera, ringraziato il commendatore Ungaro dell'interessamento che si prendeva per essi, a nome suo e del Giordano lo fece consapevole che, se avessero ricevuto dal Governo sei mila ducati e il passaporto per l'estero, avrebbero fatto presentare tutti gli altri briganti, purché fossero stati lasciati liberi, e che essi si sarebbero recati all'estero per non tornare più in Italia.

La lettera, che riferiva i fatti suddetti, fu fatta leggere dall'Ungaro al Sotto Prefetto di Cerreto Sannita, il quale incominciò a fare delle riserve per i seimila ducati, in modo che, quando si fece conoscere ai briganti che essi non potevano avere più di quindicimila lire, si ruppero le trattative.

La banda, che già contava settanta persone dopo aver consumato i quattrini, che aveva ricevuto dai Borboni, per tirare innanzi la vita, incominciò a dedicarsi ai delitti di sangue; poiché per quelli che riguardavano la proprietà già aveva dato buona prova.

Il primo delitto di sangue fu commesso il 29 maggio 1861. La vittima fu il pastore Parente Giuseppe di Cerreto, il quale, incontratosi in contrada *Carapiello,* che fa parte della montagna di Cerreto, con Giordano e *Pilucchiello,* loro rivolse un saluto. Pilucchiello lo guardò invece con disgusto e voltosi al Giordano gli disse: «Allontaniamoci perché quell'uomo mi fa salire il sangue alla testa», e il Giordano, per fare cosa grata al suo amico, sparò ed uccise il Parente.

Intanto gli adepti del Giordano aumentavano di giorno in giorno ed allora l'ex *trabante* fu costretto dividere la sua banda in quattro brigate, delle quali la meno numerosa, ma la più feroce, tenne per sé; un'altra l'affidò al *Pilucchiello,* un'altra all'altro suo compaesano Errichiello e la quarta a Girolamo Civitillo di Cusano Mutri, il quale ha lasciato di sé triste memoria.

Fra i tanti delitti commessi da questo delinquente nato è degno di essere ricordato il barbaro assassinio commesso in danno dei due carbonari Pasquale e Francesco Prece padre e figlio. A Pasquale tagliò il naso e le orecchie, gli cavò gli occhi e le budella, che poi sospese ad un albero per darle in pasto ai corvi.

A Francesco tagliò il capo e tra i denti gli pose un pezzo di carta sul quale aveva scritto:

Si ammazzi questi birbandi
Per fare la spia ai signori briganti
Chi la spia vuole fari
Questa morte faciarrà

La vita dello spiatore dura poco.

* * *

Al principio di agosto del 1861 la banda si arricchì di nuovi elementi provenienti da Morcone, Solopaca, Pietraroia e S. Lorenzo Maggiorc, cd in tal caso, per far fronte alle spese di fornitura e di spionaggio, fu mestieri tentare delle estorsioni.

In seguito a proposta del Giordano il tenente della banda, un certo Cimirro, per il tramite di Vincenza Mazzarella, così scrisse alla signora Beatrice Pacelli superiora del convento delle monache di Cerreto:

Cara signora Abbatessa

Come avete circato il denaro per Caribado e condra la religione cosi vi precamo ammandarci docati mille docati dico (1000) (Mille) a noi altri sbandati di Frage secondo si volete essere rispettate li mandate tutte di domani sino mandate il denaro siete tutte quante abrusciate perché ancora mangiare li doccittoni perché sono assai che appresso che Francesco secondo si porta rapporto di questi denaro che avete caccato io sono il tenente Cimirro in questo momento mi fate risposta ho di sì ho di nò li mandate per questa persona che vi porta questo biglietto.

Il Tenende Cimirro
Sbandato

A mezzo della Mazzarella la signora Pacelli fece conoscere ai briganti che le monache erano povere e che di denaro non ne avevano.

Contemporaneamente, per il giardiniere del convento, mandò la lettera ricevuta dai briganti al Sotto-Prefetto il quale ordinò che dieci soldati armati di tutto punto prendessero in custodia il convento.

Il giorno appresso lo stesso sbandato fece pervenire alla badessa quest'altro scritto:

Mia cara S.r Abatessa.

tutto mi creteva che voi ieravate realista e voi tude tude calbonare hò mandato a cercare una somma di denari e voi avete fatte necative non credendomi che a questo Commendo che non c'erano denari vi gli ho mandato a cercare sottoposto da Francesco 2: che quello e il detto che tenemo da Bosco e non evano tutto il denaro facevate una cosa per cascheduna pure gli facevate se non mandate questi denari lo convendo sarà Bruciato perché loco siete fatto il refuggio della robbo degli Carbonari e fatemi subito la risposta in questi momenti per questa persona che io vi mandi subito speditemi, sie del sì sie del no

Bomme genziate ci penzano
Tenende Cimirro

La badessa, per ordine delle autorità cerretesi non diede neppure ascolto a questa seconda minaccia e fu allora che Cosimo Giordano e *Pilucchiello,* dietro consiglio del Civitillo, scrissero in termini più garbati alla Pacelli, anzi questa volta i briganti si mostrarono galanti scrivendo la lettera su carta migliore e che poi racchiusero in un altro pezzo di carta sul quale scrissero:

A Sua E Sacratissima
Mani Maria Bicatrice
Signora Batessa
del Monastero di Cerreto

Dalla calligrafia si deduce che il gentile scrittore fu il *Pilucchiello*, e non il Giordano; poiché, come innanzi abbiamo detto, Cosimo non riuscì mai ad imparare a leggere e a scrivere.

La lettera diceva:

E. C. Signor M. B. batessa del monastero di Cerreto vi manda questa lettera il detto soldato sbandato Cosimo Giordano e Vincenzo Lodovico pilucchiello. Di quello sommo che voi Beni sapito vedete farlo perlo presto mili mandato per lo vostro Sacrestani vi ringraziami la vostra sacratissima Bonda e pensate per noi e noi saremo quello che le vostra Compagni si Guarderanno solo noi siami Li Cari vi Baciami la vostra SS. M.

Quando i briganti si avvidero che le monache si mantenevano sorde alle loro richieste, il 16 agosto di quello stesso anno, a mezzo di un ragazzo, fecero pervenire al dottore Antonio Ricci di Cerreto Sannita il seguente biglietto:

il. s. dontonio Ricce
vi sta precenne il caporale coseme Giordane che gli mandate secente docate e se non volete mare sopra isse che a da fare vestrugge per la Madonna e per vostro segno vi pilerà il schizette.

il caporale Coseme giordano

Il collega Ricci ricevuto e letto il biglietto, si recò dai carabinieri e ad essi consegnò lo scrittominaccia. Quei bravi militi indussero il Ricci a non uscire più di casa.

La calma intanto sembrava essere tornata all'egregio collega, quando la mattina del 25 dello stesso mese vide, di tutta corsa arrivare in sua casa Vincenzo Patagota, il quale a nome del Giordano gli consegnò una lettera che diceva:

Caro signoro d. Andonio Ricci.
vi manda cercanno il detto soldato Cosimi Gurdano e vincenzi Lodovico pilucchiello per uno summo di cento piastre per sostenere la compagnia noi vi mandammo a cerchiaro la summo assai ma mo vedete di si ci mandato questo per lo più possibile che potete sinò vi sarà dato no grammo dispiacere per vostra rovina mi li mandate per lo stesso porgitori e sono li vostri Cari Cosimo Guridano vincenzi Lodovico per lo presto sbricate.

Di queste continue minacce di estorsione il Ricci dovette risentirsene colla cognata del Giordano; poiché se così non fosse stato, il 29 agosto non avrebbe ricevuto dallo stesso brigante quest'altro esempio di bello scrivere, consegnatogli dalla sua colona Mariagiovanna Fermiere.

Caro signor Andon mandatemi la sommo del cente pizastre vi ringrazio del Bertinenze del mia cognata che vi preco di mandarle vende piastre. Voi sapete voi responeste che ti voleva fare un ricatte ma per tutta la giornata di oggi se non favorito la detta summo abbruceremo tutto puro la Gatta la vostra vita sara fernuta

Cosemo Giordano

Dalla masseria del Ricci si recarono i briganti a quella del canonico Pasquale Cofrancesco, e, al colono di costui, il *Piluc-*

chiello consegnò, pel suddetto canonico, un pezzo di carta sul quale era scritto.

Caro D. Pascale

vi preghiamo di mandare la carabina bersagliere con la dache e 6 mazzi di cartucci subito perché ci serve necessariamente e dite a don Filippetto Iuliano che mandasse le due paranze di pistole con i cartucce e carbina senza meno e prontamente e non altro e non avete paura e noi vi guardiamo di tutto e vi salutiamo tutti tutti la compagnia di duecento ottantasette.

v. Cosmo Giordano

Il Cofrancesco mandò questa lettera al Sotto-Prefetto, il quale dal Pretore locale lo fece sottoporre ad un minuto interrogatorio. Il Pretore poscia raccomandò al canonico di non mandare ai briganti le armi richieste; caso contrario sarebbe stato arrestato.

Dopo due giorni i briganti, non vedendosi contentati, rinnovarono a don Pasquale la preghiera a mezzo del seguente biglietto, che, per mancanza di penna fu dal *Pilucchiello* scritto a lapis:

Caro D. Pascale

questa e la seconda lettera che noi vi avemo mandato e tu sei arrogante e tosto noi volevamo la carbina bersagliere colle daga in fronte e dieci mazze di cartuccie e se non me li mandate subito appresso ci date più assai e vi arderemo tutto anche voi e la famiglia e dite a D. Filippetto che mi mandasse anche esso e la carbina e la pistola e con quindici mazze di cartucci e se non li mandate subito nella entrata che si fara a Cerreto a voi brugiamo prima e poi tutte le robe e casa e masseria.

Coseme Giordane

In pari data lo stesso Giordano fece tenere al signor Tommaso Carrizzi il seguente biglietto:

Mio D. Tomaso

vi mande precenne il caporale Cosimo Giordano vi mandate i mille ducate che tenete a mente e si non volete mandare mandate subito la risposta che pensene loro che dovrebbero da fare ca vi torno a la via vi abruscemo di foco vi da segno.

Capurale Cosimo Giordano

Non creda il lettore che i briganti suddetti abbiano scritto lettere di ricatto e di estorsioni solo alle monache, al Ricci, al Cofrancesco, al Iuliani e al Carrizzi, poiché *Pilucchiello* di simili lettere ne scriveva non meno di dieci al giorno e molti dei minacciati per vivere tranquillamente, mandavano alla banda armi e denaro.

Il pretore di Cerreto venne intanto a conoscenza che molti manutengoli si facevano inviare dai briganti lettere fittizie di estorsione e facevano ciò per non attirare su di loro l'attenzione delle autorità di pubblica sicurezza.

Per ora lasciamo questo terreno sdrucciolevole; poiché, in uno studio separato metteremo a nudo la putrida piaga del manutengolismo che fioriva durante la carriera brigantesca del Giordano, e, con documenti, dimostreremo come quei Tizii e quei Cai da pezzenti sono diventati ricchi e... possenti col prezzo di estorsioni e di sangue umano.

* * *

Nel primo settembre 1861 mentre il signor Annibale Piccirillo col fratello Filippo si recava da Guardia Sanframondi alla fiera di Cerreto, giunto che fu ad uno svolto, che trovasi dove attualmente è la proprietà del dottore Girolamo Altieri, fu circondato da due brutti ceffi vestiti alla calabrese uno dei quali afferrò per la cavezza il cavallo e voltosi al signor Annibale gli disse: «Voi chi siete?», «Sono D. Annibale Piccirillo ricevitore del registro e bollo di Guardia Sanframondi».

Lo sconosciuto ordinò alla gente che si era accalcata di allontanarsi e spianò contro il suddetto cavaliere il fucile; il colpo andò a vuoto.

L'altro assassino retrocedette di alcuni passi, tirò alla sua volta. Don Annibale emise un grido, rovesciò in dietro la testa e cadde da cavallo.

I due assassini gli furono addosso e lo finirono a colpi di pistola e di pugnale, ed infine, come se nulla avessero commesso, se ne tornarono indisturbati, per dove erano venuti.

Allontanatisi i briganti vi fu un grande tumulto fra gli astanti; tutti si erano affrettati ad accorrere, ma don Filippo Piccirillo si era già abbracciato al fratello divenuto cadavere e piangeva affannosamente.

Annunziatosi tale assassinio dal pubblico clamore, il giudice di Cerreto si recò sopra luogo e, dopo la identificazione dell'ucciso, fu trasportato il cadavere in Cerreto.

Dall'autopsia si dedusse che la morte fu l'effetto di otto ferite, quattro d'arma da fuoco e quattro da punta e taglio.

La specifica in sul bel principio presentavasi sotto un aspetto equivoco poiché uno dei fratelli dell'ucciso, Filippo, diceva che l'omicidio doveva addebitarsi ai legittimi rimproveri che il defunto aveva fatto a varii suoi compaesani dopo i delittuosi fatti di Pontelandolfo e Casalduni, che egli aspramente criticava mentre qualcuno ne recitava l'elogio.

L'altro fratello, Federico, invece, sosteneva che mandatario era stato il brigante Pellegrino Senaca, il quale si era presentato ad istanza dell'ucciso Piccirillo e che vedendosi trattenuto, in carcere, mentre era sicuro di essere liberato, avesse dato incarico ai suoi compaesani di uccidere chi fu causa della sua presentazione.

Ed ora una domanda: chi furono i due assassini che uccisero il Piccirillo?

Andrea Cappella fece sul riguardo la seguente deposizione: «Lavoravo in un fondo 30 o 10 passi distante dal luogo ove fu ucciso D. Annibale Piccirillo, vidi tutta la scena, quando i due briganti se ne andarono, molti accorsero intorno al morto.

Io mi chiusi nella masseria e tanta fu la paura che non confidai l'accaduto nemmeno a mio padre. Poi dovetti recarmi alla Madonna della libera e giunsi colà verso due ore di giorno. Trovai il brigante Francesco di Crosta di Cerreto con altri suoi compagni, i quali mi dissero che quel giorno si erano divisi da Cosimo e *Pilucchiello*. Dopo un poco questi sopraggiunsero tutti sudati ed io confidai al Di Crosta che da quei due avevo visto uccidere il Piccirillo».

Raffaele Cofrancesco riferì al giudice istruttore che «dopo 4 giorni l'uccisione del Piccirillo certa Vincenza Cappella, massara, gli disse che era molto in collera con Cosimo Giordano, il quale era andato a commettere quell'assassinio presso la masseria di lei e che il giorno più appresso avendo incontrato la Cappella, proprio sul luogo del delitto, dissegli: Non sai? quel bel giovane di Cosimo Giordano mi ha mandato a salutare; io gli feci rispondere che aveva fatto male ad uccidere presso la mia masseria D. Annibale Piccirillo, perché questo fatto mi avrebbe compromessa con la giustizia se tacevo, e se parlavo avrei sopra di me attirato l'odio suo. Egli mi fece dire che dove l'avevano trovato, là l'avevano ucciso».

Alessio Sellaroli, che fu inteso come testimone a discarico, disse che Piccirillo aveva molti nemici per la sua indole riottosa e fraudolenta e perché, come ricevitore, vessava i contribuenti così un tale Garofalo, che aveva relazione coi briganti, indusse questi ad ucciderlo. A questa deposizione si uniformò pure Paolo Pingue.

* * *

Dal maggio al novembre 1861 le orde brigantesche giunsero a tenere il dominio del beneventano.

I reati di sangue, in quella regione, si succedevano spaventevolmente, i reati contro la proprietà non si contavano più, i pacifici cittadini, per non esporsi al bersaglio dei briganti assetati di sangue umano, non uscivano più di casa.

Le amministrazioni comunali vivevano in un torpore micidiale, e, per non crearsi delle animosità, fingevano di non avere né occhi per vedere, né orecchie per sentire.

In ogni comune, ove il sentimento della civiltà non è posposto a certe passioni, gli elementi nocivi si riferiscono a chi siede in alto. In quell'epoca tutto si lasciava in balia della mala vita, poiché tutti la temevano.

A rompere tanto indifferentismo, il 27 novembre 1861 fu mandata dal Sotto-Prefetto di Cerreto ai sindaci di quel circondario la seguente circolare:

Cerreto Sannita 27 novembre 1861

REGNO D'ITALIA
SOTTO PREFETTURA
di Cerreto Sannita
UFFICIO DI PUBBLICA SICUREZZA
Num. 4611

Oggetto: Repressione del brigantaggio

«La distruzione del brigantaggio deve essere in cima ad ogni altro pensiero. Esso, rendendo il traffico malsicuro, inceppa il commercio, anima e vita di ogni civil società.

Riunisca ella intorno a sè tutti i proprietari e gli onesti cittadini di cotesto comune; si accordino tra loro sui mezzi e me ne facciano rapporto, prendendo anche da loro stessi l'iniziativa quando il bisogno e la urgenza lo richiedono.

Il Governo del Re non manca dal suo canto ai suoi doveri, ma molto debbono fare le popolazioni.

Ne siano di esempio i paesi della Basilicata, che sono surti, come un sol uomo, a combattere le orde dei briganti, che, in numero considerevole infestavano quelle contrade. Ciascuno di noi è interessato a veder sterminata questa peste sociale.

Il Sotto-Prefetto
RUFFO

* * *

Coll'entrare dell'inverno dei briganti non si sentì più parlare; poiché Cosimo e *Pilucchiello* andarono, a spese del Borbone, a svernare a Roma e gli altri componenti la banda si ritirarono in seno alle loro famiglie.

Al principio di giugno del 1862, il Giordano fece comprendere al suo coadiutore, *Pilucchiello,* che il seguitare a vivere alle spalle di Francesco II era cosa sommamente vergognosa e che il decoro gl'imponeva di procurarsi il pane quotidiano col sudore della... fronte.

Dopo regolare appuntamento con Carmine Ciambielli si stabilì di ricattare Giovanni Mastrobuono, il quale, in Cerreto, godeva fama di possedere non pochi quattrini.

Per riuscire nella cosa il Giordano fece chiamare i più feroci dei suoi dipendenti e li armò di tutto punto, tanto più che un ufficiale dell'esercito pontificio aveva avvisato Silvio Spaventa della scomparsa del Giordano da Roma.

Il ricatto meditato venne compiuto il 27 giugno e viene così narrato dallo stesso Mastrobuono : «Mentre la sera del 27 giugno mi ero allontanato, per poco, dalla masseria, per andare a bere, ad un tratto fui circondato da cinque o sei briganti sbucati all'improvviso, che m'imposero di tacere e di seguirli. Riconobbi tre compaesani, tra i quali Cosimo Giordano.

Mi legarono fortemente e mi fecero salire la montagna, sulla quale trovammo altre sei persone armate e poscia mi condussero nel bosco chiamato *Difensola*. Colà, colle mie preghiere, ottenni che mi sciogliessero dai legami. Cosimo Giordano avvicinatosi mi disse: che dovevo rendergli, con usura, le venti piastre delle quali mio fratello si era impadronito nella perquisizione fatta alla casa di lui; perciò, oltre alle venti piastre, voleva da me seimila ducati.

Pregai, supplicai, per fare intendere che ero povero, e mi sarebbe stato impossibile pagare quella somma. Tanto ne dissi, che ridussero della metà le loro pretese; però le 20 piastre Cosimo Giordano le voleva come di diritto perciò da non calcolarsi coi ducati tremila. Nel discutere sul tanto e sul quanto si sentirono dei colpi di fucile. Legato di nuovo fui consegnato a due della banda con l'ordine di uccidermi se tentassi di fuggire, mi portarono sopra una montagnola, mentre la banda si preparava pel combattimento e da quell'altura vidi tutte le fasi del conflitto con la truppa. Poi gli altri briganti ci raggiunsero e si gloriavano d'aver costretto i soldati ad indietreggiare».

Divulgatasi per Cerreto la nuova che il Mastrobuono trovavasi fra gli artigli dei briganti, quel Sotto-Prefetto ordinò a Vincenzo Gagliardi di recarsi sulla montagna, per ottenere dal Giordano la liberazione del ricattato.

«Signor cavaliere – disse il Gagliardi – chiedetemi qualunque sacrifizio... magari la vita... ma andare solo sulla montagna, col pericolo di...».

«Ma che pericolo e pericolo – rispose il Sotto-Prefetto, lasciando l'accento insinuante, per assumere quello burbero, che è proprio di certe autorità – io vi conosco pelo, e, se vi rifiutate, prenderò contro di voi dei severi provvedimenti».

«In tal caso non mi resta che eseguire i vostri ordini», soggiunse il Gagliardi, e, dopo un rispettoso inchino, lasciò il Sotto-prefetto. Quando uscì il sole era già alto sull'orizzonte e la giornata mostravasi soffocante. Con passo celere percorse la via, che conduceva alla Madonna delle Grazie; poi voltò a sinistra e discese una stradicciuola a picco, circondata da colline aride, selvagge e con vegetazione incerta. Cammina, cammina, arrivò ad un riparo sotto roccia trasformato in capanna. Era la dimora di un pastore.

Il Gagliardi vi entrò ed espose al pecoraro, che se ne stava sdraiato sopra un mucchio di paglia, la sua triste posizione.

Antonio, così chiamavasi il pastore, senza perdere tempo, disse al Gagliardi: «La comitiva di Giordano si trova accampata a Mutri, e propriamente in contrada *Difensola*».

Il Gagliardi vi si recò, e, dopo aver salutato il comandante, gli espresse il desiderio di vedere il ricattato.

Cosimo Giordano ordinò ad Antonio Campochiaro di accompagnare il Gagliardi dal Mastrobuono.

La grotta, che faceva da carcere, trovavasi in piena montagna, e vi si perveniva dopo aver attraversato un sentieruolo angusto, tortuoso, difficile.

Il brigante-guida, giunto presso la grotta, rallentò il passo e si sedette sopra un macigno.

Un cerretese, che faceva la sentinella alla grotta, per non essere conosciuto dal Gagliardi, si abbassò sugli occhi la falda del cappello e scomparve dietro una roccia.

In fondo alla grotta, e accanto al fuoco, che vi ardeva a permanenza, stava coccoloni il Mastrobuono ed un certo don Antonio, che, con filosofica rassegnazione, cavava di tanto in tanto, da una vecchia pipa, delle ostentate sbuffate.

Il Gagliardi corse diretto verso il Mastrobuono e lo abbracciò.

Il ricattato, per l'emozione, non seppe rivolgere al nuovo venuto neppure una parola.

Dopo un lungo silenzio sul volto del Mastrobuono incominciò a designarsi un'espressione di gioia, che si trasformò in terrore quando, fuori la grotta, si sentì un calpestio di cavallo.

«Di che si tratta?», disse il Gagliardi.

«È *Pilucchiello* che viene a visitarci», disse don Antonio.

«Sii cauto quando parli con lui e dagli del capitano», disse il Mastrobuono al Gagliardi.

Il Gagliardi infatti, non appena si trovò al cospetto di quel sanguinario masnadiere, si tolse il cappello e si pose sull'attenti come un vecchio militare.

Pilucchiello restituì militarmente il saluto e fattosi venire innanzi il ricattato don Antonio gli disse: «Voi siete libero, poiché la vostra famiglia ci ha inviato il prezzo del riscatto».

Il Gagliardi col liberato rifece, a passo celere, parte del viale già percorso, e, dopo aver indicato a D. Antonio la strada, che conduceva a Piedimonte d'Alife, s'incamminò per una mulattiera, che metteva in comunicazione la montagna di Mutri con Civitella. Lungo questa via, incontrò Giuseppe Mazzarella, che, per disposizione della famiglia Mastrobuono, si recava dal Giordano per ottenere una riduzione alla somma domandata.

Pilucchiello, nel vedere Mazzarella, disse: «Caro Peppe, sarai compiacente di riferire ai Mastrobuono che noi non possiamo stare qui più a lungo e che, se la cifra domandata pel riscatto non ci si farà pervenire fra due giorni, sarò, contro mia volontà, costretto a decapitare il ricattato. A te poi raccomando di non dire alle autorità di pubblica sicurezza dove ci troviamo; caso contrario ti trasformeremo in arrosto».

Questa minaccia fu bastevole per far venire al Mazzarella una forte febbre. Il giorno seguente, a Giovanni Mazzarella, fratello di Giuseppe, furono consegnati dai Mastrobuono 2000 ducati: dei quali 1600 erano in argento, 200 in oro e 200 in bronzo; oltre le 20 piastre per Cosimo.

Pilucchiello, ricevuto il denaro, ordinò ai suoi di enumerarlo, e trovata esatta la cifra, dispose che il ricattato fosse posto in libertà.

Il denaro ricevuto dalla famiglia Mastrobuono fu dai briganti consumato subito, poiché ben presto si accinsero a compiere altri ricatti. Questa volta la vittima non è un uomo volgare, ma un giudice, il signor De Gennaro, il quale così descrive la cosa:

«Presi a nolo una carrozza per recarmi alla mia nuova residenza ed avevo con me la mia governante. Giunti che fummo in contrada *Starsie,* che trovasi in quel di Guardia Sanframondi, fermammo ad una taverna per far riposare i cavalli. Nel partire mi accorsi che un uomo era montato in serpe. Protestai col cocchiere, perché la carrozza doveva essere tutta per me.

Mi rispose che i posti di dentro sì, ma quei di fuori no.

Io sonnecchiavo, sonnecchiava anche quella donna. Era il 15 luglio, si soffocava. Poi la carrozza si fermò. «Che è stato? scendete», grida una voce. Dagli sportelli vidi rilucere le canne dei fucili. Sporsi il capo. La carrozza era circondata da circa 14 persone, dagli abiti alla brigantesca, rilucenti di piastre bucate. Scesi e fui trattenuto in disparte, mentre quei mascalzoni rompevano la mia valigia e si dividevano le mutande, le camicie, i fazzoletti, la roba mia e quella della mia governante. Anzi ci era un filo di corallo che si presero pure. Poi mi dissero: «Andiamo!» e mi spinsero a calci, qualcuno mi strappò i peli dei baffi. Innanzi a me erano altri due signori anche essi ricattati. Compresi pur troppo che ero capitato in brutte mani e cercai farmi credere indigente. Avevo nel portamonete dieci marenghi e in tasca due fedi di credito. Destramente, mentre camminavo, li lasciai cadere. Volevano farmi cavalcare una giumenta, ma non volli, e continuai a camminare, mentre di tanto in tanto provavo la dolcezza di un calcio alla schiena e di una tiratina di baffi. Quando fummo sul Taburno, in mezzo ad un bosco, mi spogliarono, mi tolsero la camicia e mi vestirono di certi cenci e di una camicia logora.

Intanto un brigante aveva letto le carte trovate nella valigia e cosi seppero chi io fossi.

'Conoscete un tale Emilio De Gennaro?' mi domandò un brigante. Io gli risposi che era mio fratello. 'Mi ha fatto un gran bene, quando ero sergente, cercherò di salvarti'. Cosimo Giordano intanto, col fucile in mano, dettava ad uno degli altri ricattati un biglietto per la famiglia; e poiché il giovane esitava: 'Se non scrivi – gli disse – ti giuro che ti scanno'.

Risolvettero di mandarmi sulle montagne dove regnavano i feroci Cimmino e Cecchino che io avevo perseguitato. Accompagnato da due briganti e legato come un Cristo, camminammo per circa due ore. Giunti sopra una montagna priva di alberi, essendo stanchi ci sedemmo. Ivi, con belle maniere, ottenni che mi sciogliessero, e quando fui libero dalla catena mi detti a studiare il modo come andar via.

Uno dei briganti si addormentò e il suo fucile era fra me e lui. Intavolai con l'altro una questione sul suo fucile, ed egli, per farmene ammirare la bontà, me lo porse. Afferrai i due fucili.

Essi, i briganti, restarono come sbalorditi... e così mi salvai, dandomi a precipitosa fuga e battendo la via designata da un sentieruolo, che menava a Solopaca. Di tanto in tanto mi voltavo temendo di essere inseguito dai due disarmati, i quali credettero più prudente, forse per non assaporare il piombo dei loro fucili, di non inseguirmi.

Giunsi alla mia nuova residenza dopo 4 giorni, dove trovai la mia cameriera, la quale, quando fui ricattato fu dai briganti fatta risalire in carrozza, perché creduta mia moglie e che per conseguenza, per vedermi libero, avrebbe dovuto raccogliere il prezzo pel mio riscatto».

* * *

Il Giordano, mentre svernava a Roma, ebbe occasione di conoscere *Pilone* e da costui apprese che i capi-banda allora acquistano nome quando ai sequestri e alle ruberie intercalano qualche fatterello di sangue.

Pilucchiello trovò la cosa esatta e, ritornato col Giordano nel beneventano, pensò di mettere in attuazione il consiglio del *Pilone*.

L'occasione propizia si presentò ai nostri masnadieri il 13 settembre 1862. In quel giorno Giuseppe Brizio di S. Lorenzo Maggiore, il Sindaco di Guardia Sanframondi avvocato Giovanni Pingue, e il capitano di quella Guardia Nazionale signor Raffaele Pigna, con quattro suoi dipendenti, si trovarono a convegno nel caffè Morone, in quel di Guardia, a scopo di recarsi a Cerreto Sannita e conferire con quel Sotto-Prefetto.

Per giungere a destinazione più presto presero a nolo il calesse di Pasquale Assini. Costui, per dar prova dell'abilità del suo cavallo lo pose a tutto trotto.

Giunti in contrada *Cervillo,* il cocchiere calò dal veicolo, per stringere i freni, e fu in questo mentre che alcuni briganti comparvero sul limitare di una siepe.

Il Brizio, nel vedere quel gruppo di assassini, si voltò al capitano e gli disse: «Non ci moviamo, poiché solo così non avranno occasione di minacciarci».

«Accidenti – disse il capitano – sono in otto e fra essi vi scorgo il Giordano e il *Pilucchiello*».

«Zitti! Zitti! – disse il Sindaco – non vedete che vengono verso di noi? Madonna salvaci! Santo Antonio aiutaci! e incominciò a recitare *paternostri* ed *avemarie*».

Il cocchiere, montato di nuovo sul calesse, assestò al cavallo delle generose frustate ponendolo a tutta corsa.

«Fermati, per la Madonna della Libera – gridò il Giordano al cocchiere – altrimenti ti uccido il cavallo». L'ordine fu eseguito.

Il capitano ordinò a tutti di calare dal calesse, e, facendosi di questo scudo, disse ai suoi militi: «A voi, figliuoli, fate fuoco e mirate a Cosimo e *a Pilucchiello*».

«E voi – disse il Giordano ai briganti – tirate al capitano».

In seguito agli ordini dati si sentirono varie scariche di fucili intercalate da «Madonna aiutami!, Son morto!, Aiutatemi!».

A guerriglia finita rimasero sul terreno Giuseppe Brizio e il brigante Luigi De Simone.

Caduto il De Simone, i briganti si dettero a precipitosa fuga; le guardie col Sindaco e col loro comandante salirono sul calesse e fecero ritorno in Guardia.

Il cadavere del brigante e quello del Brizio furono trasportati in Guardia e deposti nella congrega di S. Maria. La notte, che seguì a quelle uccisioni, i briganti si recarono in Guardia dal sacrestano Vincenzo Tacinelli e gli chiesero la chiave della chiesa, perché volevano vedere, per l'ultima volta, il loro valoroso compagno; ma quando seppero che la chiave era custodita dai Carabinieri, allora cercarono, ma non riuscirono, assalire il posto della Guardia Nazionale.

Il brigante De Simone portava al collo un nastrino, al quale stavano sospese dodici borsette contenenti figure di madonne e santi, ai quali l'assassino si raccomandava per riuscire nelle imprese brigantesche.

* * *

Al principio del 1863 il Governo per distruggere il brigantaggio, che andava di giorno in giorno sempre più aumentando, ordinò al luogotenente Ponza di S. Martino e al generale Durando di far perlustrare da migliaia di soldati le contrade invase dai briganti. Il risultato, a quanto pare, fu negativo; poiché fu appunto nel 1863 che gli assassinii, le grassazioni a mano armata, i ricatti, gli stupri e gl'incendii si contavano a dozzine al giorno.

Erano spettacoli ritenuti come un'ingiuria alla civiltà del secolo.

Dicesi che in detto periodo bande di famelici giravano i paesi per domandare l'obolo della carità. Le campagne più non si coltivavano; perché quando la messe era matura veniva da questo o da quell'altro brigante data alle fiamme. All'avemaria ognuno si chiudeva in casa. Il commercio era finito e la desolazione regnava per ogni dove.

Scorrendo le pagine dei processi del brigantaggio si trovano dovunque segni indelebili della vasta indole criminale e della sua potenza analitica nel commettere delitti.

Per sopperire alla miseria dei danneggiati dal brigantaggio, il Ministero dell'Interno ordinò di potersi, per questi, fare delle collette.

A tanta manifestazione di pietà concorse tanto il ricco che il povero, tanto il nobile che il plebeo, tanto il *Nord* che il *Sud*. Infatti con ufficio del 15 gennaio 1363 n. 207 il cav. Ruffo, Sotto Prefetto di Cerreto Sannita, spediva ai sindaci del suo circondario la seguente circolare:

«Le accludo una circolare in ordine ad una colletta a favore dei danneggiati dal brigantaggio, e di coloro che si sono distinti nel perseguitarlo.

Tutta l'Italia, come ha potuto leggere nei giornali, risponde generosamente all'appello del Ministero

E perché il partito *Clericale-borbonico,* avverso all'unità nazionale, vuol vedere in quest'opera di pietà un esperimento politico, mi auguro che questi figli del Sannio, che un tempo seppero tenere a bada i Romani, vincitori del mondo, sappiano una volta ancora dimostrare, che non sono secondi agli abitanti delle altre province d'Italia. Usi tutta la sua influenza, perché l'iscrizione riesca nel modo più splendido che sia possibile».

La giunta municipale del comune di Guardia Sanframondi fu una delle prime a riunirsi, e, con deliberazione del 23 gennaio 1863, determinò contribuire per lire cento.

Si formò pure per la bisogna una commissione composta dal sacerdote Gaetano Tessitore, dal giudice del mandamento Nicola Rossi, dal sindaco Giovanni Pingue e dai signori Domenico Piccirilli e Nicola Foschini.

La pubblica sottoscrizione fruttò lire 137,87 per opera dei collettori: Silvestro Nonno, Luigi Foschini, Francesco Maiorano, Giuseppe Foschini di Filippo, Pietro De Blasio, Raffaele De Blasio Luigi Tessitore, Tommaso Del Vecchio, Domenico Tessitore e Domenico Assini.

Torniamo a Cosimo Giordano.

Verso le 7 a. m. del 22 febbraio 1863, mentre il sacerdote Antonino Pigna di Guardia Sanframondi, tutto intabarrato, a passo celere, semicurvo e col naso arricciato, quasi volesse, con quella posa, sfidare la forte tramontana che da un'ora e più spirava, si recava a S. Lupo, per andarvi a celebrare la messa, s'imbatté in contrada *Campopiano* col notaro Antonio Rinaldi.

Dapprima, parlarono dell'incostanza del tempo, e poscia s'intrattennero sull'insipienza del Governo per non saper debellare il brigantaggio. In prossimità della fornace di Orlando, che trovasi a mezza via fra Guardia e S. Lupo, una gettata di vento più forte li rese incerti se proseguire o retrocedere. Fu durante tale incertezza che una grossa voce accompagnata da una grossa bestemmia indusse i due a non muoversi. Era il famigerato brigante Cosimo Giordano, che, con venticinque dei suoi più audaci malfattori, aspettava al varco quelle due pecorelle.

Il capo-banda, senza molte cerimonie, invitò i due malcapitati a seguirlo, e perché il Rinaldi era corpulento e non abituato a camminare sopra terreno incerto, due briganti, che fra gli altri si distinguevano per la faccia torva e se ne stavano in disparte silenziosi, diritti, e riflessivi, furono invitati di andare a rubare, in una vicina masseria, un asinello, sul quale fecero montare il notaro.

Don Antonino invece, che godeva pel circondario fama di cacciatore, non s'ebbe la cosa tanto a male e sembrava camminare come un baldanzoso. Abbiamo detto sembrava, poiché aveva gli occhi dilatati dallo spavento, il viso pallidissimo e dalle sue labbra tremule sfuggivano invocazioni per santi e madonne, promettendo a queste e a quelli voti di argento e di cera se fosse ritornato incolume in casa.

Del ricatto del Pigna e del Rinaldi subito si sparse per Guardia la voce, e, in men che lo si dica, quella Guardia Nazionale, che, per coraggio, portava nel beneventano il primato fu dal tamburino chiamata a raccolta e si pose sulle tracce dei suddetti malfattori.

I briganti, dopo disastrose marcie, attraversarono la montagna di Cerreto, scomparendo e comparendo fra una serie di colline e finalmente giunsero sulla montagna di Pietraroia, dove un manutengolo del luogo aveva preparato alla comitiva la colazione.

Dopo ristorati, fu data al Rinaldi un'altra cavalcatura: un grosso mulo, abituato a camminare per discese rovinose. Per ordine di *Pilucchiello* quella bestia fu guidata a mano da un brigante di Cusano. Presso Civitella il mulo scivolò investendo il cavaliere, che si rialzò tutto malconcio. Da Civitella a Cerreto, Giordano si mostrò più guardingo; poiché si fece precedere di un centinaio di metri da due vigili sentinelle col mandato di esplorare i dirupi e di far fuoco sui soldati e le guardie nazionali.

Attraversarono, senza incontrare anima viva, il territorio di Cerreto, di Guardia e di Solopaca. Fecero *alt* in contrada *Sette-Serre* che fa parte della montagna di Vitulano, dove due componenti la banda di Gennaro Pulzella fecero ai loro colleghi della comitiva Giordano, gli onori della... montagna offrendo a tutti pane, vino, salami e cacio fresco.

All'alba, *Pilucchiello* consegnò ai due ricattati carta, calamaio e penna e ad essi dettò il prezzo del loro riscatto.

Verso le ore tre del sei marzo, mentre i briganti stavano nel più fitto del bosco a gozzovigliare, il Pigna, che col Rinaldi stava custodito in una grotta, riuscì a sciogliersi dei lacci e accostatosi al Rinaldi gli disse: «Non vi movete, perché sarò di ritorno non appena avrò soddisfatto un bisogno corporale».

Quando il furbacchione del prete si avvide che la sentinella, pel troppo vino, russava al non *plus ultra,* si mise a strisciare adagio adagio cercando di tenersi sotto le piante più folte per potersi nascondere più facilmente in caso di pericolo, guardandosi sovente alle spalle per tema di essere inseguito da qualche brigante, avendo ormai compreso che la sua libertà era sospesa ad un filo. Quando si fu allontanato di un centinaio di passi, gli venne in mente quel canone della fisica che dice: «I suoni si trasmettono mediante i corpi solidi meglio che per l'aria» ed ecco che don Antonino si curvò verso terra ascoltando per alcuni secondi, poi rassicurato dal silenzio, che regnava nel bosco, si dette a correre inciampando fra i cespugli e facendo di tanto in tanto dei capitomboli.

Giunse in Vitulano in casa dei suoi parenti Rivellini alle 5 del mattino.

Il Rinaldi, dopo 13 giorni di sofferenze, fu lasciato libero. Prima di andar via fu obbligato di gridare: «Viva Francesco II!,Viva Pio IX!,Viva il generale Cosimo Giordano!». *Pilucchiello,* nello stringere la mano al Rinaldi, gli dice: «Signor notaro, nel ritornare a Guardia, direte al prete Antonino Pigna che, se sarà nuovamente ricattato, gli mozzeremo il capo tanto più che è fratello al capitano Pigna, che l'anno passato con una schioppettata uccise Luigi de Simone, uno dei più valorosi nostri compagni».

Il Sotto-Prefetto di Cerreto, per dare continua ed accanita caccia al Giordano, in data del 3 ottobre 1863 (n. 2172), diresse ai sindaci la seguente Circolare:

«Signore,

di quanto interesse sia la formazione di una squadriglia di volontarii, non v'ha chi non vegga bene e prima che fosse venuta l'approvazione, questo ufficio aveva a lei raccomandato di avere dei volontarii».

Il buon esempio fu dato dal Comune di Fojano e ciò rilevasi dalla seguente circolare diretta dal reggente la Prefettura ai Sotto-Prefetti e Sindaci.

Benevento 17 ottobre 1863

REGNO D'ITALIA
PREFETTURA
della Provincia di Benevento
N. 878

Oggetto: Costituzione di una squadriglia di volontari per la repressione del brigantaggio.

Signori,

La giunta Municipale del Comune di Fojano con sua deliberazione del 5 corrente determinava concedersi a ciascun volontario che si arruolasse nelle squadriglie destinate alla repressione del brigantaggio una gratificazione di lire 25 da prelevarsi dall'articolo «*Spese casuali*» del bilancio comunale, ed invitare mediante foglio di offerte i proprietarii a contribuire per un'altra gratificazione mensile di lire 20 da corrispondersi ad ogni arruolato durante il tempo della ferma.

Un atto così generoso dettato dai sentimenti del più bel patriottismo io devo proporlo siccome esempio e per l'emulazione alle altre Giunte Municipali, e son sicuro che nessuna vorrà mostrarsi inferiore nello zelo e nello interessamento per un'opera così grande, così importante, come si è quella di cooperare al ristabilimento della pubblica tranquillità in questa desolata Provincia ed alla più pronta repressione del brigantaggio.

Invito pertanto la S. V. a volere richiamare la votazione della Giunta su questo argomento, ed aprire una sottoscrizione per parte dei proprietarii, onde invitare la gioventù ad accorrere animosa alla difesa del loro paese, con la speranza di ottenerne un compenso dai loro concittadini e la riconoscenza del Governo.

Il Reggente la Prefettura
HOMODEI

Nel dì 6 novembre si presentarono a Cerreto, quali volontari, alla formazione della squadriglia del mandamento di Guardia Sanframondi, Pigna Filippo, Foschini Luigi, Foschini Gabriele, Marotta Giuseppe, Caiola Pasquale, Caiola Vincenzo, Parente Angelo, Turco Giuseppe fu Luigi, Romano Ferdinando, Parente Luigi, Brigida Filippo Luigi, Virgilio Alfonso, Civitillo Gaetano, Rinaldi Andrea, Linfante Florindo, Negro Domenicantonio, Lintante Eziario, Meglio Raffaele, Cesare Antonio, Venditti Filippo, Negro Francesco, Rinaldi Giuseppe, Lintante Francesco e Turco Giuseppe fu Giovanni di anni 18.

Quale risultato dettero le squadriglie di volontarii non lo sappiamo; è certo però che nello stesso mese pervenne ai Sindaci e Capitani delle Guardie Nazionali quest'altra circolare:

REGNO D'ITALIA
PREFETTURA
della Provincia di Benevento

Uff. Prov. di Pubblica Sicurezza
N. 1427

Oggetto: Misure per la repressione del brigantaggio e provvedimenti pel servizio della Guardia Nazionale.

Benevento 10 novembre 1863.

Le bande brigantesche cacciate ovunque dalle colonne dell'Illustre Generale Pallavicini sono oramai ridotte a pochi uomini: esse cercavano invano ogni via per sottrarsi al valore della truppa italiana, nei loro sforzi assecondata dalle Guardie Nazionali.

Spento il brigantaggio non deve più risorgere: la macchia che volle imprimere a queste province, sarà lavata per sempre, né le scene di sangue, gli orrori di quelle bande di ladri mai più si rinnoveranno, se i cittadini, se le Guardie Nazionali poste alla difesa del paese saranno una volta convinte che contro la loro volontà, senza un colpevole avvilimento e senza che esse rinuncino alla propria dignità, non possono i briganti stabilirsi in mezzo a loro.

Io faccio pertanto appello ai Sindaci, agli Ufficiali ed ai militi della Guardia Nazionale. Ai primi spetta l'ordinare, agli altri il perlustrare tutte le masserie, tutte le cascine del loro Comune, e tutti mi risponderanno se un solo brigante nel loro territorio resterà celato, se immediatamente non sarà arrestato e consegnato all'Autorità.

I signori Sindaci e Capitani delle Guardie Nazionali disporranno il servizio in modo che ad ore diverse del giorno e della notte, in direzioni opposte, drappelli di Guardie Nazionali sortano ad eseguire tali rigorose perlustrazioni, tacendosi di volta in volta dar conto dal capo della pattuglia del risultato che ne ottenne: in apposito ordine del giorno dovranno farsi conoscere a tutta la Compagnia i servizi di qualche rilievo operati dalle Guardie Nazionali, e se fosse del caso si riferiranno alla Prefettura, che si riserva premiarne gli atti di valore.

Un tale servizio di perlustrazione tanto più si rende necessario ora che si avvicina l'inverno e che per le intemperie le bande sono più di frequente obbligate a rifugiarsi nelle cascine o nelle masserie.

Una delle cause per le quali il brigantaggio poté, per tre anni, mantenersi in queste province si fu perché molti dei briganti, avvicinandosi l'inverno, potevano lasciare la banda e ritornare nei loro paesi, dove sia per paura, sia per altri riguardi, si lasciavano tranquilli finché al ricomparire della primavera ritornavano alla campagna per ricominciare le loro stragi, le loro grassazioni.

Un tale fatto attestato da molti briganti caduti nelle mani della giustizia non deve, con immenso obbrobrio delle Autorità, ripetersi.

I Signori Sindaci, i Signori Capitani della Guardia Nazionale sono tenuti strettamente responsabili che in tutto il territorio del Comune non rientri un brigante, un disertore delle truppe, un renitente di leva, un manutengolo, o qualunque altra persona assentasi per causa di misfatto oppure in genere sospetta, sia naturale o non, senza avvertirne per espresso la Prefettura e senza averne procurato l'immediato arresto.

Saranno pure i Signori Sindaci obbligati di farsi presentare le carte giustiticative da qualunque individuo forestiero od appartenente ad altro circondario anche della stessa Provincia, e trattenerlo in arresto dandone avviso, nel caso che non possa evidentemente giustificare la sua persona colla produzione del passaporto dell'interno o con altri documenti equivalenti con attestazione scritta di persone benevise e personalmente da loro conosciute.

In ogni settimana dovranno i Signori Sindaci mandare alla Prefettura un elenco delle suddette persone, che rientrassero nel Comune e dei forestieri, che venissero a stabilirvisi.

Devo poi richiamare l'attenzione dei Signori Sindaci ed Ufficiali delle Guardie Nazionali sopra un fatto doloroso segnalatomi dal Comando Generale delle zone riunite di Benevento e Molise.

È la seconda volta, in pochi giorni, che drappelli di Guardie Nazionali in perlustrazione incontrandosi con Cavalleria o truppa di linea, scambiandola per briganti, fanno loro fuoco addosso. È certo che ove si usasse maggiore attenzione un tale abbaglio non avverrebbe, abbaglio che non può incoraggiare la truppa, la quale in ricompenso alle tante fatiche, che sopporta con raro sacrificio ed abnegazione, si vede esposta ad una morte senza onore, perché data per equivoco.

Il Signor Generale Comandante le truppe, a far cessare un tale disgraziato errore, è risoluto di prendere le più rigorose misure nel caso si ripetesse, contro l'Ufficiale Comandante le Guardie Nazionali e renderlo responsabile delle funeste conseguenze.

I Signori Sindaci provvederanno quindi ad impedire tali fatti dispiacevoli, che, in avvenire, gli appiattamenti di Guardie Nazionali non facciano fuoco che solo quando loro consti nel drappello sopravveniente la condizione di briganti.

In tal guisa si preverranno disgrazie, e nel tempo stesso i colpi non saranno fatti al vento, ma nel cuore delle bande, che di certo lasceranno morti e feriti.

Voglia la Signoria Vostra accusarmi ricevuta della presente.

Il Reggente la Prefettura
HOMODEI

I fittaiuoli intanto, togliendo a pretesto i pericoli del brigantaggio, abbandonarono le case coloniche.

I proprietarii, vedendosi lesi negl'interessi, ricorsero alle

Autorità di pubblica sicurezza, affinché regolassero meglio il servizio di perlustrazione.

In seguito a questi reclami il Reggente la Prefettura di Benevento fece tenere ai capi delle amministrazioni comunali quest'altra circolarc:

REGNO D'ITALIA
Prefettura
della Provincia di Benevento
Uff. Prov. di Pubblica Sicurezza
N. 1724

Oggetto: Perlustrazioni delle Guardie Nazionali ed altri provvedimenti per la repressione del brigantaggio.

Benevento 25, novembre 1863.

Facendo seguito alla mia circolare del 10 corrente N. 1427, riguardo al servizio della Guardia Nazionale e ad altre misure riconosciute necessarie per la totale repressione del brigantaggio, presi i concerti col signor Generale delle zone riunite di Molise e Benevento, trovo di prescrivere:

I.

Il servizio di perlustrazione della Guardia Nazionale dovrà farsi ogni giorno, incominciando al mattino, all'alba, e rientrando un'ora dopo il tramonto del sole.

II.

Il signor Sindaco, d'accordo col Capitano della Guardia Nazionale, vi destinerà quel numero d'individui che reputerà necessario ad ottenere lo scopo pel quale la perlustrazione si eseguisce, a tutelare la pubblica sicurezza e a sostenere, ove occorresse, eziandio, uno scontro coi briganti.

III.

Il servizio giornaliero si deve ripartire in due mute: metà della forza perlustrerà sino al mezzogiorno, l'altra sino a notte inoltrata. La forza che riposa deve stanziare nel quartiere onde accorrere in ogni caso di bisogno.

IV.

Il signor Sindaco, d'accordo col Capitano della Guardia Nazionale, determina di volta in volta i punti da perlustrarsi dal drappello di Guardia Nazionale. L'Ufficiale però, e il graduato che lo dirige, potrà, ove il miglior servizio lo esiga, perlustrare quelle diverse località, che saranno necessarie, rendendone poi conto al Capitano.

V.

Nelle perlustrazioni si dovranno sempre perquisire le masserie, perlustrare i boschi, e fare appiattamenti nei luoghi dove sono più facili il passaggio e la dimora dei briganti

VI.

Nelle perlustrazioni qualunque persona sospetta venisse trovata sarà obbligata a mostrare le sue carte giustificative, e in difetto arrestata. Saranno pure arrestate le persone, che portassero cavalli o giumente o viveri in quantità non permessa quando non esibissero la licenza dell'Autorità.

VII.

Il Sindaco ed il Capitano della Guardia Nazionale, avendo notizia che nel territorio si trovino briganti, dovranno immediatamente ordinare la raccolta della Guardia Nazionale, e il suono delle campane a stormo onde avvertire la truppa che fosse nelle vicinanze, e quindi dovrà tosto sortire ben ordinata alla caccia dei briganti, quando si trattasse di un piccolo numero, come attualmente lo sono: cammino facendo, mediante spari, daranno avviso della presenza dei briganti ai distaccamenti disseminati all'intorno, e procureranno di non aprire il fuoco se non quando siano ad un tiro sicuro, onde i colpi debbano raggiungere la meta, e non andare dispersi.

VIII.

In quei comuni dove stanzia un distaccamento militare, la Guardia Nazionale eseguirà le perlustrazioni associata alla truppa, e resterà sotto la direzione dell'Autorità Militare.

IX.

Per tale servizio di perlustrazione, ove sia necessario alla Guardia Nazionale sortire dal proprio comune, sarà pagata alla medesima la diaria stabilita dalla legge.

X.

I signori Sindaci ed i Capitani delle Guardie Nazionali sono obbligati a vigilare che nel territorio del loro comune non rientri un brigante, un disertore delle truppe, un renitente di leva, o qualunque altra persona sospetta o ricercata dalla giustizia, senza procurarne l'immediato arresto.

XI.

Restano fermi gli obblighi, che incombono ai Sindaci di avvisare l'Autorità Civile e Militare d'ogni comparsa di briganti, nonché i Sindaci dei comuni vicini.

Confido nello sperimentato suo zelo e patriottismo che le presenti prescrizioni saranno rigorosamente osservate, e che in tal modo si riuscirà finalmente alla totale distruzione del brigantaggio in questa provincia.

Il Reggente la Prefettura
HOMODEI

A questa circolare, dopo pochi giorni, tenne dietro quest'altra:

REGNO D'ITALIA
REGIA PREFETTURA
della Provincia di Benevento
Uff. Prov. di Pubblica Sicurezza
N. 1812

Oggetto: Brigantaggio

Benevento li 4 dicembre 1863

Mi pregio comunicare alla S. V. la seguente Circolare del Comando Militare della zona di Benevento, pregandola da parte sua a dare prontamente le necessarie disposizioni per la rigorosa esecuzione delle disposizioni nella medesima contenute.

Oramai è cosa certa che nel Distretto di Cerreto, sui monti di Vitulano e Solopaca, come sul Taburno, i briganti, incalzati da tutte le parti, hanno sciolto le loro comitive.

Essi, nascondendo quasi tutte le loro armi, cercano di sottrarsi alle nostre ricerche, mediante ogni possibile modo di infingimento.

Taluni si ricoverano nelle masserie dei loro aderenti, cambiando spesso di domicilio, forse entro i paesi stessi trovano rifugio, taluni altri errano tuttavia pei campi e volentieri simulano d'essere lavoratori munendosi di qualche utensile agrario.

A simili arti conviene opporre una corrispondente tattica.

Infatti se per disperdere le comitive, le truppe hanno manovrato finora con forti distaccamenti, se le perlustrazioni si sono eseguite in grande; se boschi, alte cime, profondi burroni sonosi esplorati, oggi conviene cangiare sistema ed imprimere ai nostri movimenti un carattere di minuta sorveglianza, la quale si porti tutta sopra i domicilii e gli individui.

Per la qual cosa vorranno i Signori Comandanti di Distaccamento osservare e fare osservare minutamente le seguenti norme :

1.° Le perlustrazioni in grande nei boschi, ed in qualunque altra località sospetta, non si faranno che ogni 5 o 6 giorni, oppure quando consti al Comandante del Distaccamento, che malandrini vi siano ricoverati.

2 ° Ogni 2 giorni di seguito, col 3zo di riposo, tutti i Distaccamenti sortiranno in pattuglia, che si diranno in servizio di *Pubblica Sicurezza,* qualche volta le pattuglie si faranno durante la notte.

3.° La pattuglia non sarà minore di 5 uomini ed un graduato.

4.° Ogni pattuglia avrà seco 2 Guardie Nazionali delle più pratiche del paese e sopra tutto conoscitrici degli individui che popolano la campagna; queste Guardie Nazionali saranno richieste formalmente ai Signori Sindaci, i quali verranno diffidati di somministrare tutte le informazioni, che si riferiscono alle case nei paesi, alle masserie nelle campagne, agli individui dappertutto.

5.° Qualora fosse il caso di non esporre a vendetta qualcuna di queste Guardie Nazionali, che servono di guida, potrà il Signor Comandante farlo travestire da soldato lacchè si lascia a suo giudizio.

6.° Da tali disposizioni risulta evidente il servizio di codeste pattuglie, quello cioè d'indagare minutamente le condizioni sociali di qualsiasi individuo, di constatarne l'identità, di sapere quante persone compongono le famiglie nelle masserie, del che ogni capo pattuglia prenderà nota scritta distinguendo per sesso ed età approssimativa, onde verificare poscia altra volta se tal numero non sia alterato.

Giova talvolta osservare attentamente la fisionomia dell'individuo che s'interroga, ed esaminarne le mani, avvegnachè il brigante abbia queste meno callose del lavoratore, anzi morbide talvolta, e più bianche nella palma, e che il suo volto esprima quasi sempre o sfacciataggine o dubbiezza.

7.° Qualunque individuo sospetto, che non sarà nominalmente conosciuto da una delle Guardie Nazionali sarà condotto in Comune, perché il Sindaco verifichi e renda di lui ragione : quindi a seconda del pronunciato sarà rilasciato, o sostenuto agli arresti per essere spedito con processo verbale al Giudice del Mandamento.

Il Reggente la Prefettura
HOMODEI

* * *

Fra i delitti di sangue, consumati da Giordano nel 1863, va annoverato quello dei d'Andrea padre e figlio.

Alle tre di notte del 10 gennaio 1863, mentre pioveva dirottamente, Cosimo Giordano si recò alla masseria di Antonio d'Andrea, e, visto che l'uscio stava chiuso, bussò ripetutamente.

La nuora del d'Andrea, Grazia Balzano, prima di aprire, domandò: «Chi è?».

Alla risposta: «Amici!» fu spalancato l'uscio ed entrò il Giordano con altri otto briganti.

Il capo di quella piccola masnada, senza far motto, si avventò contro il marito della Balzano, e con un colpo di pugnale, cercò scannarlo. Il minacciato si riparò sotto il letto, dove fu ucciso a colpi di fucile.

Antonio d'Andrea, invece, se la dette a gambe, ma fu atterrato mentre scavalcava una siepe.

L'omicida fece, sul riguardo, alla Corte di Assise di Benevento, la seguente dichiarazione: «Il d'Andrea padre mi faceva l'amico, mi dava vitto e ricovero, quando avevo bisogno d'asilo, ma era un Giuda, che covava il tradimento. Egli aveva una casetta solitaria sulla montagna, una sera, mentre passavo con la banda per quei luoghi, sentimmo abbaiare un cane. Poi vidi schiudersi l'uscio della casetta e far capolino un uomo in camicia; ci vide e rinchiuse la porta d'entrata. Noi movemmo verso una collinetta vicina e ci accampammo sul sommo di essa.

Io vigilavo con l'occhio fisso alla strada, che mena a Cerreto, quando vidi un uomo, che, con la giacca sulla spalla, camminava verso Cerreto. Era, come seppi dopo, d'Andrea, che andava a denunciarci. Non ci movemmo da quel luogo aspettando l'alba, però eravamo sicuri, non supponendo che nell'ombra si tramasse il tradimento. Quando scorgemmo avanzar guardingo e minaccioso un drappello di soldati: «I nemici, i nemici!» gridai, e ci alzammo per fuggire; ma un altro drappello si avanzava dalla parte opposta al primo. Facemmo diversione a destra, ma altri soldati ci chiudevano il passo; insomma eravam chiusi in un cerchio di ferro. Mi slanciai, chiesi in aiuto la forza e l'agilità degli anni giovanili, quando m'inerpicavo correndo per le balze e i burroni, e così lasciai di cento passi indietro i miei compagni, che fuggivano anch'essi. Intanto ci si grida: «Ferma ferma» e le prime schioppettate rimbombano.

Fo fuoco anch'io. Caporal Cosimo, gridavano i miei compagni, siamo perduti! Non ancora, grido io. Mi svesto degli abiti, resto in mutande e camicia, impugno la carabina, giro innanzi la cartucciera, assicuro la rivoltella e col pugnale tra i denti mi precipito sul nemico, seguitemi, grido, non cessando dal far fuoco. Così mi vien fatto di spezzare quel cerchio e di far scampare i miei. Io, inseguito, mi precipito in un pozzo; così feci perdere al nemico le mie tracce».

A questa lunga cicalata il Presidente della corte soggiunse: «Sì, sì, ma tutto questo non c'importa».

Siete o non siete l'uccisore dei due d'Andrea

«Ecco, disse il Giordano. La spia era stata il D'Andrea, che mi giurava amicizia; era lui il Giuda, onde giurai vendicarmi. Con otto persone, tra le quali il mio compagno *Pilucchiello,* andai verso le ore dieci di sera alla casetta del d'Andrea, col proposito non di ucciderlo, ma di punirlo con cinquanta legnate sulla schiena. Spinsi la porta ed entrai. 'Buona sera, caro amico', gli dissi.

Egli, che era seduto presso il focolare, si alza, e, al primo riconoscermi, si avventa ad una scure e grida al figlio, che era ivi con lui, di armarsi, e con un soffio spegne il lume. 'Accendete una candela' – grido io – temendo in quelle tenebre di ferirci scambievolmente.

In quel parapiglia non fui ubbidito. *Pilucchiello* però s'incontra col d'Andrea padre; si afferrano; il mio compagno, più forte, lo trascina fuori.

Io, con tre altri, rimasi nella casetta alle prese col d'Andrea figlio, il quale si nascose sotto il letto, e di là fa fuoco tre volte.

Al lampo delle schioppettate mi do conto del luogo, e spianammo i fucili verso quella parte donde venivano i colpi. Aspetto un altro lampo e tiro coi miei compagni.

Chi fu di noi, signor Presidente, che uccise il giovane d'Andrea? Chi lo sa! Il d'Andrea padre fu ucciso dal *Pilucchiello*».

La vera causale di questo doppio omicidio è questa: confinante con la masseria dei d'Andrea, vi era un fondo di un certo Mausillo la cui figliuola, Maria, faceva all'amore col Giordano.

Fra le due famiglie erano, per certi contini, sorte delle questioni riguardanti il diritto di passaggio.

Il Giordano, per dare alla sua bella una prova di affetto, uccise chi era causa di disturbo della sua famiglia.

Fu pure nel 1863 che Cosimo, a mezzo di un suo fido, mandò ad Antonio Vaccarella un biglietto nel quale gli chiedeva del denaro. Nel biglietto-minaccia era scritto anche che se si fosse mostrato restio a tale richiesta sarebbe stato ucciso.

Il Vaccarella non uscì di casa, ed allora il Giordano ordinò ai suoi di uccidergli le pecore, che ascendevano a trecentocinquanta.

Il Giordano, benché avesse nel beneventano spie ed amici in gran numero, si preoccupò non poco delle continue circolari, che riguardavano la repressione del brigantaggio, e, con parte del denaro riscosso, a base di ricatto, si procurò un passaporto .

Quali miracoli non sa fare il denaro ?

La giustizia, scriveva il Mastriani, si dipinge con una bilancia nella mano. Gettate un pugno d'oro nella coppa della penalità e farete sparire la differenza di peso.

Qui è acconcio far altresì notare che il Giordano, novello Proteo, pigliava sembianze diverse, sapeva, per così dire, truccarsi con tanta abilità da superare i più abili dei nostri trasformisti .

Infatti ora pigliava l'aspetto di un cantastorie, ora di un cretino, ora, con tanto di pancia lo si vedeva, per le fiere, vendere baccalà.

Certe altre volte, con finta barba canuta, rappresentava la parte di un mazziniano intransigente spolverizzatore di monarchie e di troni e non mancarono dei casi in cui vestito da carabiniere o da guardia nazionale, entrava nei caffè ricevendo sigari da quegli stessi militi, che gli avrebbero dovuto dare la caccia.

Nelle vicinanze di S. Germano, Cosimo, sotto il falso nome di Nicola Caracciolo, esercitò presso un tal Fusco l'industria di venditore di cipolle; poscia, ricordandosi del mestiere che esercitava da giovanissimo, si trasformò in guardiano di maiali e, in Villa Latina, divenne addirittura negoziante di porci.

* * *

Nel 20 luglio 1865 ritornò in Cerreto, quivi colla cooperazione dei suoi parenti ed amici, sequestrò, nel 26 di detto mese, Giosuè Santillo e Lorenzo Cappella, e, il giorno 28, Francesco Paolo del Re, Francesco Ponte e Pellegrino della Penna.

Tutti questi, per aver salva la vita, dovettero sborsare nelle mani del Giordano non pochi quattrini .

Nel principio del 1866 lo si vedeva, ben vestito, girare per Roma e si permetteva ricevere in sua casa non pochi personaggi politici affezionati ai Borboni.

Nel 12 luglio 1866, in contrada *Cervillo,* che trovasi in quel di Guardia Sanframondi, Cosimo Giordano, Vincenzo Ludovico, alias *Pilucchiello,* e Vincenzo Petroli uccisero mio padre.

Il Giordano non volle addebitarsi tale delitto.

* * *

Il Giordano, prima di dare un arrivederci al beneventano, sequestrò Fabio Bolognese e Pietro Mazzarella.

Il sequestro Bolognese-Mazzarella è così raccontato dagli stessi ricattati.

Il 28 luglio 1866, il Bolognese disse: «Verso un'ora di notte mentre tornavo dai bagni con Pietro Mazzarella, scendendo a cavallo per un sentieruolo della montagna ci fu imposto da alcune persone vestite da carabinieri di fermarci. Quando vidi che mettevano fuori le corde per legarci, mi accorsi con chi avevo da fare e ne fui certo quando al berretto dei carabinieri sostituirono il cappello a punta dei briganti.

Ci portarono sulla montagna Monaco di Gioia e, colà giunti,

Cosimo Giordano m'impose di scrivere alla mia famiglia per chiedere dodicimila ducati.

Io scrissi ed egli firmò col suo nome il biglietto. Stemmo coi briganti dal 28 luglio all'8 settembre, o vagando per i boschi o dormendo in una caverna, nella quale si entrava per un buco. Mi liberarono dopo aver pagato 1500 ducati».

Pietro Mazzarella uniforme in tutto alla deposizione del Bolognese aggiunse che fu liberato prima del compagno per poter far giungere ai briganti il denaro richiesto.

* * *

Il Giordano, dopo i ripetuti ricatti, ritornò in Roma e da qui passò nella capitale inglese dove, per passatempo, si esercitava ad ammaestrare i pappagalli.

Dopo tre mesi lasciò Londra e ritornò a Roma, dove venne accusato di omicidio; arrestato fu ritenuto in carcere per sei mesi, ma risultato innocente fu rimesso in libertà.

Dopo ripetuti incontri con gli amici della famiglia Borbone pensò il nostro masnadiero di andarsene a Marsiglia, dove vi pervenne col nome di Giuseppe Pollice.

Passato l'inverno del 1868, il Giordano stabilì di ritornare in Italia e vi pervenne per via di mare.

Sbarcato a Napoli, passò per Caserta e Piedimonte d'Alife e da qui, col solo *Pilucchiello,* si recò nel comune di Morcone per eseguire qualche ricatto.

Infatti, una sera, due sconosciuti armati di due colpi e vestiti con lunghe giacche bluastre, cappelli neri e lunghi stivali, sequestrarono al luogo detto *Cappella,* distante da Morcone poco più di un chilometro, Polzella Luigi del fu Nicola che condussero seco alla volta delle montagne di detto comune.

Per via incontrarono un altro individuo vestito alla stessa maniera, il quale nell'atto del sequestro erasi voluto tenere in disparte.

A sera fatta il pastore Francesco Valletta di Morcone, che trovavasi sulla montagna a pascolare le pecore, fu invitato dai briganti a portare alla moglie del ricattato, Angiolina Marino, il seguente biglietto.

Cara moglie

io mi trovo seguestrato dai brianti, se mi tenete caro mandatemi subbito subbito subbito cingue mila ducati se no guaie per me.

Il Polzella rifiutò di apporvi la propria firma; ciò nonostante fu dal *Pilucchiello,* mandato a destinazione.

Il Valletta, quando ritornò, disse ai briganti che la moglie del ricattato non credeva al sequestro del marito; perché il biglietto non era stato da lui firmato.

Al che il *Pilucchiello*: «Ritorna da quella puttana di Angelina e dille che se non manda subito il denaro sarà guaio pel ricattato e che se vuole qualche segnale del marito, fra due giorni, riceverà o una gamba o un braccio».

A questa intima, il viso del Polzella si bagnò di sudore freddo e i suoi occhi grandi e neri si coprirono di ombre tristi.

La pubblica sicurezza, venuta a conoscenza del sequestro del Polzella, si mise sulle tracce dei malfattori; ed il *Pilucchiello*, per non venir meno alla parola data al Valletta e per non capitare nelle mani della giustizia, ordinò a Brino Angelo e a Cusano Mariano, che si erano uniti, dopo il sequestro del Polzella, alla banda, di uccidere il ricattato.

L'assassinio fu commesso in contrada *Colle Scipione*, in tenimento di Cerreto e sotto la nuca dell'ucciso fu posto un pezzo di carta sul quale *Pilucchiello* aveva scritto:

«Queste uomo morto perché non a voluto mandare il denare ai brianti».

Il Governo, preoccupato dell'ardire della coppia *Giordano-Pilucchiello,* pensò una buona volta di affidare la distruzione del brigantaggio al giovane generale Pallavicini, cosa che deduciamo dalle seguenti tre circolari:

REGNO D'ITALIA
SOTTOPREFETTURA
DI CERRETO SANNITA
N. 616

Oggetto: Brigantaggio

Cerreto Sannita 3 luglio 1868

È necessario che agli ostacoli che l'esperienza dimostra opporsi a coronare i fermi proponimenti del Governo nel voler togliere da queste Provincie definitivamente l'onta del residuale Brigantaggio e gli sforzi del sig. Generale Pallavicini specialmente incaricato dell'impresa, si propongano quei provvedimenti che il momento eccezionale ed un savio consiglio dichiara opportuni alla necessaria richiesta energia da ogni autorità costituita.

Quindi che il sottoscritto, visto il bisogno, dispone farsi immediatamente coi maggiori mezzi di pubblicità venire da oggi innanzi provveduti di una carta di ricognizione tutti coloro che abitano o frequentano per necessità di mestiere la campagna.

2.° Che gli abitanti della campagna non possano ritenere nelle abitazioni rurali maggior quantità di provvigioni di vitto di quello che relativamente bisogni loro pel lasso di tre giorni, e così di tre in tre giorni successivamente.

3.° Che tutti coloro chc abbandonano il paese per la campagna non possono recare loro maggior quantità di viveri che quella che necessita al proprio sostentamento nella loro assenza dal paese.

Si accusi ricevuta della presente.

Il Sotto Prefetto

A noi pare che questa circolare non fosse stata posta in pratica dalle Autorità comunali; poiché in data del 20 agosto, pervenne ai varii sindaci del circondario di Cerreto Sannita quest'altro ordine :

REGNO D'ITALIA
SOTTO PREFETTURA
DI CERRETO SANNITA
N. 735
Oggetto: Misure contro il Brigantaggio

Cerreto Sannita 19 agosto 1868

In vista della Circolare comunicata a codesto Ufficio col N. 616 del 3 Luglio p. p. non posso fare ammeno di non esternare il mio dispiacimento per la nessuna esecuzione delle norme ivi stabilite.

Importando ora che si faccia finita una volta col Brigantaggio, si dispone quanto segue :

1.° Che da oggi innanzi fossero provveduti di una carta di ricognizione, coi rispettivi connotati, tutti coloro che abitano o frequentano per necessità di mestiere la campagna.

2.° Detta carta non varrà che pel lasso di tre giorni, e sarà rilasciata dalla S. V. e vidimata dal Comandante locale delle forze di Linea, o dei RR. Carabinieri, i quali mancando nel Comune verranno pel visto suddetto a munirsene in questo Capoluogo.

3.° Che gli abitanti della campagna non possano ritenere nelle abitazioni rurali maggior quantità di provvisione che per un sol giorno.

4.° Che coloro che si recano nella campagna provvisoriamente non possano recare viveri di sorta ma si cibino prima dell'uscita dal paese o dopo ritorno.

5.° Che tutti coloro che verranno sorpresi dalle truppe in perlustrazione in contravvenzione alle suddisposizioni, vengano arrestati a disposizione dell'Autorità Militare.

Nel raccomandare alla S. V. la piena esecuzione di quanto sopra per la parte che le riguarda, e che nel dichiarare che denunzierò superiormente coloro i quali si mostreranno oscitanti, la prego dare tosto pubblicità alla presente ed accusarne ricevuta.

Il Sotto Prefetto

Dietro parere del Generale Pallavicini, il Governo, per dare l'ultimo colpo al brigantaggio, pensò bene di accordare premii in danaro a quelli che avessero fatto catturare i briganti, che ancora scorrazzavano per il beneventano e province limitrofe. E ciò deducesi dalla seguente circolare.

REGNO D'ITALIA
SOTTOPREFETTURA
DI CERRETO SANNITA
N. 788

Cerreto Sannita 5 7bre 1868

Illustrissimo Signore – L'illustrissimo Signor Generale Pallavicini, comandante superiore delle truppe riunite contro il brigantaggio, dopo venia del Ministero degl'Interni, ha messo fuori un manifesto, per il quale vengono fissati premi che sarebbero immediatamente pagati in oro a coloro che uccidono o facessero presentare i seguenti capi briganti:
Lire 12000 per Domenico Fusco Lire 13000 per Cosimo Giordano, Alessandro Pace, Domenico Fontana, Francesco Cedrone, Giuseppe Campagna. La provincia offre inoltre altre lire 3000 a chi assicura alla giustizia Cosimo Giordano e Ludovico Vincenzo alias *Pilucchiello*».

Il giorno 24 settembre Cosimo Giordano e il suo collega *Pilucchiello,* vestiti da caprai, rientrarono indisturbati nello Stato Pontificio, lasciando in balia di loro stessi pochi altri manigoldi dei quali alcuni furono imprigionati durante il 1868 ed altri emigrarono per la Francia e per le Americhe.

* * *

Nelle ore vespertine del 24 giugno 1880, dopo un'assenza di circa 16 anni, ricomparve, nel circondario di Cerreto Sannita, il famigerato brigante Cosimo Giordano. Era calato dalla Francia col suo collega Albanese, non perché affetto da nostalgia, ma per tastare il polso ai suoi ex manutengoli, i quali, da un pezzo, si mostravano sordi alle sue richieste di denaro.

Il 10 giugno, i due banditi s'imbarcarono a Marsiglia, per la volta di Genova e da qui, a mezzo ferrovia, giunsero a Cerreto, dove restarono alcuni giorni.

Durante questo periodo, fece il Giordano il piano per visitare quel massaro o quel negoziantuccio, che si erano fatti grandi col denaro ricevuto da lui e non col sudore della fronte come volevano far credere ai minchioni.

A quanto pare il risultato fu positivo; poiché, nella sola città di Cerreto, in tre giorni, racimolò sedicimila lire.

Per mettere poi il brivido addosso a quei manutengoli, che lo credevano addirittura morto, volle, per un poco, ritornare brigante ed ecco come.

A mezzo di suo padrigno Vincenzo Colella mandò a chiamare in Guardiaregia, Nicolangelo Gasbarra, col quale era stato in relazione di amicizia fin da quando il beneventano trovavasi in balia dei briganti.

Il Gasbarra, dietro tale invito, non si fece, come suol dirsi, ripetere la cosa due volte, e, all'ora indicata, si trovò in casa Colella, dove non trovò il Giordano; perché costui, essendo affetto da reumatismo ed essendo abituato in Francia ad una vita comoda, pensò godere la ospitalità, che gli volle offrire un suo compare.

Il Colella quindi fu costretto, per vedere il Giordano e l'Albanese, recarsi in casa del generoso... compare!

A quel che seppi l'incontro fra il Giordano, l'Albanese e il Gasbarra fu commoventissimo; gli abbracci e i baci non si contavano più e il vecchio Colella, non potendo più resistere a tale straziante scena, incominciò a piangere convulsivamente

Dopo gli abbracci, i baci e le lagrime di gioia, il Giordano mandò a comprare vino, pane e salame.

Dopo che quella piccola comitiva ebbe fatto onore a Bacco, Cosimo fece comprendere al suo invitato di voler fare qualche ricatto, non per vero bisogno, perché a Lione di quattrini ne aveva; ma piuttosto per dimostrare ai beneventani, che era ancor vivo e non morto come quasi tutti lo ritenevano. In questa credenza, diceva il Giordano, io trovo un'offesa. Il mio amor proprio è calpestato e perché non sono avvezzo a subire insulti di sorta così è mestiere che faccia nota la mia esistenza con un fatto qualsiasi. È quistione d'onore e per l'onore adunque io non posso transigere.

Il Colella nel vedere la ciera sconvolta del figliastro gli disse: «Non alterarti di più, poiché noi ti saremo fidi compagni». Nicolangelo Gasbarra gli domandò se la pubblica sicurezza fosse a giorno del suo ritorno in Italia.

Non solo la pubblica sicurezza non sa niente, rispose Cosimo Giordano, ma, dopo il ricatto, ritornerò con Albanese in Francia, essendo ambedue provvisti di regolare passaporto.

«E a chi avete pensato di ricattare?», dissegli il Gasbarra. «Su questo non posso ancora dirti nulla – soggiunse il Giordano – perché la spia mi porterà la risposta domani: in ogni modo tu all'una, dopo la mezza notte, ti farai trovare dietro la chiesa della Madonna della Libera».

«E per le armi come farò?», disse il Gasbarra.

«A tutto sarà provveduto – rispose il Giordano – anzi il mio fucile l'ho portato dalla Francia».

Il giorno dopo Cosimo Giordano, il padrigno, il nipote e l'Albanese si recarono al luogo di convegno dove trovarono il Gasbarra, al quale, dopo che fu consegnato un fucile, due pacchetti di cartucce e un pugnale si avviarono alla volta di Morcone. Per via incontrarono un pastore, il quale disse al Giordano: «Andate sicuri perché Libero della Penna sta con alcune donne raccogliendo il fieno».

«Va bene», rispose il Giordano e fece cadere nelle mani del pastore alcune lirette.

A questo atto di generosità la spia rispose con un «Grazie».

«Ma che grazie e grazie», soggiunse il Giordano. «Se le cose andranno bene, tu avrai altro denaro. Domani poi recati in Cerreto da mio padrigno e gli andrai a riferire ciò che dirà la voce pubblica in Morcone del ricatto Della Penna e possibilmente le ricerche che vuol fare di noi la pubblica sicurezza». Durante questo dialogo il Colella raccontò al Gasbarra le accoglienze che Francesco II aveva fatto al figliastro e poi concluse che, se il Borbone fosse stato restaurato sul trono, il Giordano sarebbe diventato generale, cosa che avrebbe arrecato onore alla famiglia e a Cerreto, che gli aveva dato i natali, mentre per questi *mangia-polenta* (Piemontesi) deve starsene lontano da noi.

Il Giordano si accomiatò dalla spia e riprese con gli altri il cammino. Giunti sopra una collina la discesero; poi fecero un buon tratto di via fra una gola di monti e da qui giunsero in una pianura che attraversarono per un buon pezzo; poscia voltarono a destra e fecero sosta in contrada *Piscina*, dove il ricco massaro Libero Della Penna riordinava il fieno, che alcune donne gli portavano.

Il Della Penna, nel vedere quella piccola comitiva, dapprima credette che fossero gli acquirenti del bosco *Costa-Alonzo* e voltosi ad uno di essi, che poi seppe essere Cosimo Giordano, gli domandò se avesse bisogno di qualche cosa e avendo visto che con un fazzoletto si tergeva dalla fronte il sudore, gli offrì un bicchiere di vino.

«Non v'incomodate, perché io non ho bisogno di vino; ma della vostra persona. Io sono *Nerone*, ossia Cosimo Giordano in carne ed ossa che alcuni ritenevano per morto; altri lo credevano emigrato in America ed altri ancora in Egitto. Io son venuto in Italia per far denaro e perché già siamo alle ore venti è mestieri metterci in cammino». Libero Della Penna, dopo questa imposizione, dapprima pregò, poi scongiurò ed infine disse:

«Sono a voi». Il Giordano affidò il ricattato all'Albanese ed al Gasbarra; perché il Colella e l'altro Giordano fecero per altra via ritorno in Cerreto. Il capo-banda invece seguiva il ricattato ad una rispettiva distanza. Dopo aver attraversato alcune valli, certi burroni e non pochi monti giunsero a Mutri, dove Libero Della Penna fu rinchiuso in una grotta.

All'indomani Cosimo Giordano fece dalla grotta uscire il ricattato e gli dettò la seguente lettera:

> Se tenete cara la mia vita mandate subito 5000 piastre, questa somma mandatela per Parciasepe al luogo che vi indica chi vi porta questo biglietto.
>
> Libero Della Penna

Questo biglietto fu consegnato alla famiglia del ricattato dal capraio Pietro Pallotta, il quale in Guardiareggia era tenuto come manutengolo e all'epoca del ricatto del Della Penna, fornì alla banda il vino; mentre Michelangelo Serio mandava il pane. Il Pallotta, eseguito l'incarico, ritornò alla grotta di Mutri col Parciasepe, il quale consegnò al Giordano una prima somma; in seguito lo stesso Parciasepe portò altro denaro; in tutto L. 5800.

Il ricattato stette nella grotta quattro giorni e fu tenuto d'occhio dal solo Michelangelo Gasbarra. Il Giordano dalla somma ricevuta ne prelevò lire 800, che le suddivise fra i suoi aiuti.

La sera del primo luglio ripartì per la Francia.

* * *

Della ricomparsa del Giordano e dell'eseguito ricatto di Libero Della Penna se ne impossessò la stampa. Infatti nella *Gazzetta di Napoli* del 28 giugno 1880 leggo: «Da Benevento ci giunge una grave notizia, che speriamo venga subito smentita.

Si vuole che sui monti di Cerreto Sannita sia comparsa una banda di briganti capitanata dal famigerato Cosimo Giordano, che nel 1861 e 1862 fu il terrore del beneventano devastando le campagne, ricattando i proprietarii, svaligiando le case e seviziando quanti gli capitavano nelle mani. Fu impossibile catturarlo; ma un bel dì liberò spontaneamente della sua presenza quei luoghi ed emigrò in America.

Pare che adesso, annoiato della vita del nuovo mondo, sia ritornato nel vecchio e proprio nel campo che tenne per sue gesta.

Questo masnadiere, come molti altri del suo tempo, ha inspirato anche uno scrittore, il signor Pasquale Villani, che ne fece il protagonista di un suo romanzo a grandi tratti «*Cosimo Giordano e i saccheggiatori di Cerreto*».

Ecco ora quanto ci scrivono da Cusano Mutri: «Nella notte del 21 al 25 cadente alla distanza di un solo chilometro dall'abitato di Morcone quattro briganti si presentarono nella masseria del signor Libero Della Penna e lo catturarono.

Ora pel riscatto si domandano lire 17000. Queste contrade sono allarmate per tale avvenimento, massime perché i briganti sono capitanati da Cosimo Giordano.

Noi, che non facciamo appello all'autorità essendo nota la insipienza del Prefetto Giorgetti, ci rivolgiamo alla stampa perché voglia levarsi in favore di questa provincia resa desolata per lo sgoverno che dura da più anni. Queste sono le conseguenze del sistema Giorgetti e suo segretario Colmayer, che lungi dal pensare a veder migliorate le condizioni generali della provincia, vogliono fare la politica nei consigli comunali, fino ad armare persone, che sono state negli scanni delle assisie».

Il primo luglio 1880 fu dal prefetto di Benevento trasmessa ai sindaci la seguente circolare:

Essendo apparsa nel Circondario di Cerreto Sannita una banda di malfattori capitanata dall'ex brigante Cosimo Giordano, il sottoscritto comunica alle SS. LL. come S. E. il Ministro dell'Interno ha promesso un premio di lire quattromila a chi arresterà o farà arrestare il brigante Cosimo Giordano ed una conveniente gratificazione.

Il Prefetto
Giorgetti

Questa circolare, annunziante il premio di lire quattromila, non dette nessun frutto, benché fosse stata affissa al pubblico e annunziata al popolo dai banditori a suon di tromba, né il risultato potea essere diverso, poiché il Giordano, fornito di passaporto, già trovavasi in Francia.

Ciò non pertanto il Governo credendo che il Giordano fosse ancora in Italia da quattro portò a lire ottomila il premio da darsi a chi arrestasse o facesse arrestare il tanto temuto uomo; e perché i varii municipii avevano versato anche un contributo, così la somma salì a lire undicimila.

Questa circolare è del Sotto-Prefetto di Cerreto, porta la data del 17 luglio 1880 ed è distinta col n. 971.

La giunta municipale di Guardia Sanframondi, stabilì di versare lire cinquanta per la cattura di Cosimo Giordano.

Il Sotto-Prefetto di Cerreto, in data del 5 luglio 1880 n. 2874 ritornò al sindaco di Guardia, signor Ernesto Foschini, la deliberazione a scopo di ottenere una somma maggiore.

E sempre per quella tale credenza, che il Giordano fosse ancora nel beneventano, il 25 agosto il Sotto-Prefetto con suo ufficio (n. 971-3), stabilì, per ordine del Ministero dell'Interno, che mezza compagnia di soldati fosse mandata a Cerreto, trenta uomini a Pietraroia e mezzo squadrone di cavalleria a Telese.

Furono, con altri carabinieri, rinforzate le stazioni di pubblica sicurezza di Morcone, Cusano, Guardia e Solopaca

La calma ritornò nel circondario di Cerreto Sannita quando il Giordano fece pervenire ad una delle autorità beneventane una lettera nella quale l'avvisava di ritirare la forza dai varii comuni, poiché egli (il Giordano) si trovava sano e salvo in altro Stato.

* * *

Vediamo intanto come il Governo venne a giorno della presenza del Giordano in Italia e quali furono le disposizioni per farlo catturare.

Il Prefetto Giorgetti in data del 26 giugno 1880 così scriveva al Procuratore del Re di Benevento:

«Come V. S. Illustrissima avrà saputo a mezzo del signor Pretore di Morcone, nella sera del 24 andante 5 individui armati catturarono nel tenimento del predetto Comune tal Della Penna Libero, conducendolo seco loro per ignota direzione. Nel riferirle questo lamentevole fatto da parte mia mi pregio parteciparle le disposizioni date per la scoperta ed arresto dei malfattori, ed un cenno del risultato delle indagini eseguite nel fine di conoscere di quali elementi si componga la banda armata, che catturava il Della Penna.

Appena ricevuto l'avviso, che nelle ore p. m. del 24 volgente in contrada *Scorpi della Cicala,* tenimento di Morcone, a tre chilometri dall'abitato, era stato catturato da cinque individui armati di tutto punto, e vestiti civilmente, il sopraindicato individuo possidente del luogo, diedi le seguenti disposizioni.

Telegrafai al signor Sotto-Prefetto di Cerreto di valersi di ogni mezzo, spiegando la maggiore energia per scoprire la direzione presa dai malfattori, e lo avvertii d'aver fatto partire a quella volta Funzionarii con truppa, perché, appena giunti in Cerreto, operassero a sua dipendenza nei luoghi in cui potessero aggirarsi i malfattori. Nel medesimo tempo aggiunsi, per lettera, categoriche e precise istruzioni alla stessa autorità, affinché, colla forza messa a sua disposizione e con la cooperazione dei Funzionarii dipendenti, si ottenesse principalmente di raggiungere i malfattori liberando il catturato Della Penna e quindi con accennate investigazioni stabilire se in realtà a capo della comitiva, vi fosse, come vociferasi, il famigerato brigante Cosimo Giordano. Infine posi sull'avviso i signori Prefetti di Caserta e Campobasso dell'avvenuto ricatto ad opera di cinque individui armati, nel caso che i malandrini abbiano potuto prendere la direzione delle montagne del Matese, che si estendono nelle dette province. E siccome mi risultava ancora da notizie ricevute che i malfattori, col ricavato, avessero potuto dirigersi verso il Taburno, spedii altra forza di carabinieri, con apposite istruzioni, affinché tutte le stazioni limitrofe sorvegliassero le falde, le adiacenze e tutte le vie che conducono al monte indicato onde sorprenderli e liberare il ricattato.

Ad opportuna intelligenza poi della S. V. Illustrissima non ometto informarla, che essendosi sparsa la voce in Cerreto, fin dal 21 corrente, che l'ex brigante Cosimo Giordano era apparso in quel territorio seguito da due compagni, disposi l'esecuzione di accurate indagini nel fine di accertare ciò che di vero poteva esservi sulla divulgata notizia, e dalle stesse si ottennero i seguenti risultati.

Che nel mattino del 22 andante certo Petrullo Battista fu Andrea di anni 40 contadino di Cerreto, uomo probo, ma scemo di mente per sofferta malattia, si presentò al signor Sotto-Prefetto di quel Circondario e gli narrò che verso le ore 8 p. m. del giorno 21, trovandosi egli in un suo piccolo podere sito in luogo detto *Chioglia* (Cerreto), gli si erano presentati cinque individui armati di fucile a due colpi, dai connotati di uno di essi dedusse trattarsi di Cosimo Giordano fu Generoso di anni 34 da Cerreto Sannita, scomparso da quel territorio da circa 20 anni. Che questi, al dire del Petrullo, gli richiese le sue generalità, le quali egli diede, ma sotto il nome di Giordano Giuseppe fu Nicola, per tema che declinando il proprio nome avesse potuto incorrere in qualche male; poiché quando Cosimo Giordano faceva il brigante egli, il Petrullo, aveva cercato più volte di farlo arrestare. Che soddisfatto della risposta ricevuta, il supposto Cosimo Giordano si era allontanato ingiungendogli di far silenzio pena la vita.

A questa voce sparsa in Cerreto dal Petrullo si aggiunse l'altra messa in giro da certa Olimpia Giordano di anni 25 contadina del luogo, figlia di tal Giuseppe Giordano (di cui precisamente il Petrullo aveva declinato il nome ai presunti malfattori invece del suo) che cioè essa, mentre attendeva a far pascolare una vacca in contrada *Madonna della Libertà* (Cerreto) nella sera del 15 volgente, aveva visto tre individui di sinistro aspetto e armati di fucili e pugnali.

In seguito a ciò fu eseguita un'accurata perlustrazione dall'Arma dei Carabinieri nello stesso giorno 22, in tutto il territorio di Cerreto, per rintracciare i tre individui sopra cennati, ma dalle praticate indagini verun risultato si ottenne, giacché nessuna delle persone abitanti in quelle campagne, opportunamente interrogate, furono al caso di dare notizie intorno agli individui di sinistro aspetto ed armati.

Richiamata la Giordano Olimpia e nuovamente interrogata modificava la sua prima dichiarazione, affermando che gl'individui da essa visti le erano parsi cattivi, e, per convalidare il suo asserto, mostrò lire due e centesimi cinquanta in argento che disse d'aver ricevuto in compenso del suo silenzio da colui che faceva da capo ai supposti malandrini.

Interrogata la Giordano sulla diversità delle sue dichiarazioni rispondeva che con la prima non aveva detto la verità per paura di essere catturata.

Ora mentre la forza pubblica ed i funzionarii tutti sono in movimento pel rintraccio ed arresto dei malfattori che catturarono il Della Penna si proseguono le investigazioni dirette a stabilire tutte le circostanze relative alla voluta banda e se veramente stia a capo della stessa il famigerato Cosimo Giordano.

Mi riserbo d'informare la S. V. di ogni risultato».

Il Prefetto
GIORGETTI

La sera del 26 si sparse la voce che il Giordano, col ricattato, si aggirava pel territorio di Guardiaregia; e, dopo le debite informazioni, il giorno 29 così il Procuratore del Re di Benevento telegrafò al Procuratore Generale della Corte di Appello di Napoli.

«Banda Giordano col ricattato Sabato 26 pernottò montagna di Guardiaregia. Nel momento giunge telegramma essersi veduta banda istessa, dicesi otto uomini tra Guardiaregia e Sepino, provincia Campobasso, Prefetto date disposizioni inseguimento suo collega Campobasso».

Il giorno 30 il Procuratore Generale riceveva dal Procuratore del Re di Benevento il seguente rapporto:

«Confermasi, come ieri telegrafai alla S V. Ill.a, che la banda Giordano, col ricattato, si aggira attualmente tra Guardiaregia e Sepino, provincia di Molise e dalle notizie che pervengono a questa Prefettura sembra che ai tre primitivi si siano aggiunti altri cinque malfattori. Si vuole che colà attendono per ricattare un facoltoso proprietario di Guardiaregia».

Intanto il Prefetto della Provincia ha ottenuto una seconda compagnia di soldati, che li ha distribuiti in modo da formare una catena tra Gioia, Faicchio, S. Lorenzello, Cerreto, Cusano e Pietraroia.

Nel tempo stesso che tre colonne volanti armeggiano in diverse direzioni nei boschi di questa Provincia e in quelli del Circondario di Piedimonte; e nel Molise intorno a Sepino e Guardiaregia, in Morcone si è stabilita una stretta sorveglianza per spiare la famiglia del ricattato onde mettersi sulle piste di qualche messo portatore di somme pel riscatto, poiché la famiglia per tema della vita del ricattato non conciderà mai quando ciò dovrà aver luogo.

Il Pretore di Morcone mi assicura inoltre che in quel comune non vi sia altro manutengolo di briganti che Pasquale Parciasepe, il quale, per altro, dopo aver espiata una non lieve condanna avrebbe dato prova di buona condotta, ma che ciò nonostante si tiene strettamente sorvegliato. Teme poi quel pretore di procedere all'ammonizione del Parciasepe per non inasprire la famiglia di costui che è composta di varii fratelli, che potrebbero fornire un contingente alla banda.

Dalle indagini fatte a Cerreto risulta che il Giordano, nella sera del 17 spirante, un'ora doro l'*avemaria*, si presentò nella masseria abitata da Nunzio Juliani, che trovasi nel tenimento di Cerreto; masseria che, nel 1861, si teneva in fitto da Luigi di Crosta, antico suo manutengolo, e premurosamente si fece a domandare del Di Crosta, di Pasquale Mendillo, di Tommaso Giordano e di Pasquale Sanzari suoi colleghi di brigantaggio e attualmente in espiazione di pena; non che dei componenti della sua famiglia.

Le indagini assodarono pure che la stessa sera del 17 lo stesso Giordano incontrò Vincenzo Parente e gli domandò dove era Luigi Di Crosta, e alla risposta che stava a Cerreto, prese la volta di quel paese.

Che dopo due giorni, cioè il 19, ad un'ora di notte, lo stesso Giordano si presentò da suo padrigno e gli chiese del tabacco.

Dal 19 in poi sembra che il Giordano avesse lasciato il tenimento di Cerreto per trasferirsi in quello di Morcone. Sembra altresì che con i componenti della sua famiglia non avesse avuto contatto; anzi la sorella, nel mattino del 20, mostrava desiderio di rivederla (quanta ingenuita!). Se non che le premure che il Giordano faceva per incontrarsi con Luigi Di Crosta, davano argomento a sospettare che avesse voluto rannodare con costui le antiche relazioni e forse servirsene di mezzano per consumare la estorsione alla famiglia Della Penna.

Ignorasi se si fossero incontrati. Certo è però che Luigi Di Crosta non si è mosso da Cerreto e lo si tiene a vista dalla pubblica sicurezza.

Mi consta finalmente che il Sotto-Prefetto denunzierà al Pretore di Cerreto, per l'ammonizione, tutti i parenti del Giordano ed i sospetti manutengoli .

Da un altro rapporto, che porta la data del 13 luglio, si deduce che il Della Penna fu rilasciato dopo avere la famiglia di lui sborsato, in tre volte, lire 5800.

Il ricattato si ebbe la confidenza dal Giordano che non sarebbe egli stato ricattato, se esso Giordano fosse riuscito a fare prima un buon tiro alla famiglia De Blasio di Guardia Sanframondi, ma che non era fuori di speranza di farlo e che dopo si sarebbe imbarcato in un porto delle Puglie.

Il Prefetto intanto prese le opportune disposizioni per impedire il meditato ricatto e per arrestare il Giordano qualora tentasse imbarcarsi. L'autorità militare spedì a Guardia molti soldati e indusse il signor Pietro De Blasio del fu Geremia a non uscir di casa.

Da un rapporto del delegato di P. S. di servizio a Morcone si deduce che Libero Della Penna fu rilasciato alle ore 11 a. m. del primo luglio.

Il Della Penna riferì al delegato che la banda si componeva di tre malfattori armati, cioè del Giordano, che si faceva chiamare *Nerone*, uno sconosciuto dalla barba rossa che non trova riscontro nelle fattezze dell'ex brigante *Pilucchiello* ed un terzo, probabilmente di Guardiaregia. Costui era quasi scemo ed inabile al maneggio delle armi. Che nel momento del ricatto i malfattori erano cinque. Due di essi, un vecchio ed un giovane, che erano inermi, dal dialetto lasciavano scorgere essere di Cerreto. Questi due si staccarono dal Giordano dopo che il ricattato giunse nel tenimento di Pietraroia. Da quivi di notte tempo passarono nel bosco di Guardiaregia.

Il 1 luglio in Benevento, tra il Giudice Istruttore cav. Nazzaro e l'ispettore di P. S. cav. De Donato fu tenuto un abboccamento e il De Donato espresse a quell'autorità giudiziaria di trovare, nei due briganti inermi, ricordati dal Della Penna, i connotati del padrigno e del nipote del Giordano, cioé di Vincenzo Colella e di Raffaele Giordano, che, il giorno innanzi, il Nazzaro aveva inteso, come testimoni in Cerreto.

Ed infatti i dubbii accampati si trasformarono in realtà dopo che i suddetti parenti del Giordano furono arrestati. Essi infatti, abilmente interrogati, non seppero negare che il 24 giugno si erano uniti al Giordano e compagni, ed insieme erano stati in Morcone ad operare il sequestro di Libero Della Penna e che si erano divisi dal Giordano quando col ricattato erano giunti al bosco di Pietraroia.

Dopo l'arresto del Colella e del Giordano Raffaele, il Pretore di Cerreto, in data del 5 luglio così telegrafava al Procuratore Generale di Napoli: «Liquidati ed arrestati i due che accompagnarono la banda Giordano momento ricatto Della Penna. Sono patrigno e nipote del Giordano. Dispongo traduzione medesimi Benevento».

Gli arrestati tradotti in Benevento furono dal Procuratore del Re sottoposti ad un nuovo interrogatorio, per scoprire gli altri complici e manutengoli; il risultato fu negativo, perché non seppero, o non vollero né aggiungere né togliere alla deposizione fatta a Cerreto.

Della banda non si avevano, fino al giorno 9 luglio, nuove precise. Secondo le voci che correvano, si trovava dappertutto.

Infatti alcuni dicevano che dal 3 al 4 la banda erasi fatta vedere nel territorio di Solopaca e propriamente verso il ponte *Cristina* però il viandante, che l'aveva incontrata, non aveva saputo dare i connotati di nessuno dei componenti, quantunque due di questi avessero voluto sapere da lui se a Telese eravi truppa.

Nel giorno 4 un tal Domenico Cesene si presentava al

comandante la stazione di Aiuola annunziando che in quel mattino, in contrada *Monticelli,* tenimento di Moiano, aveva veduto cinque briganti dei quali quattro erano armati di fucile. Questa denunzia fu dagli stessi Carabinieri liquidati per falsa e perciò il Cesene fu arrestato. Nell'istesso giorno un tale Pantaleone Giordano dolevasi come quattro individui, due armati di schioppi e due di mazze, uno con barba corta, un'altro con i soli baffi e due imberbi lo avevano depredato di lire 71,3 e di un pantalone rattoppato, nel mentre egli passava per la strada e propriamente al luogo detto *Cresco,* che fa parte del comune di Solopaca.

Siffatta denunzia fu sospettata falsa; perché il Pantaleone, trovandosi possessore di quella somma, ricevuta da un tal Andrea Napolitano per pagare gli operai, avendo saputo che furono vedute quattro persone armate, simulò la grassazione per appropriarsi di questa somma.

Fu scritto nei giornali che una giovane di S. Croce del Sannio fosse stata rapita dalla banda Giordano.

Fu vero che il 18 giugno la giovanetta Addolorata Zeoli scomparve dalla masseria sita in Contrada *Fredda* che trovasi nel tenimento di Cerce Maggiore; però il padre e la madre della scomparsa attribuivano il mancato ritorno dell'Addolorata alla caduta in qualche pozzo d'acqua e quivi morta e non ad un rapimento eseguito dai briganti.

Infatti il 4 luglio fu rinvenuto in un pozzo il cadavere della Zeoli.

Fu detto ed accettato per vero che un tal Nicola De Lucia di Limatola giunse fino al punto di spacciare nel paese che un tale Stefano Petti di Frasso Telesino era stato catturato e rilasciato mediante il pagamento di lire 2.00. Cosa del tutto falsa.

Naturalmente durante questo periodo d'incertezze, non mancarono dei bricconi, che a scopo criminoso facevano pervenire a questo e a quel tal altro delle lettere minatorie firmate col nome del Giordano.

Infatti, per dirne una, nel mattino del 6 luglio pervenne, a mezzo della posta, una lettera minatoria al proprietario di Cerreto, Isidoro Mastracchio, sottoscritta dal caporal Cosimo Giordano, colla quale gli si chiedeva la somma di ducati 2000, indicandovi colla medesima il sito dove doveva tal somma depositarsi. Saputosi ciò dalle guardie forestali, nel dì seguente appiattatesi in prossimità del luogo indicato nella lettera riuscirono ad arrestare Alfonso Fappiano di S. Lorenzello, che interrogato poscia dal Pretore, confessò di essere stato egli l'autore del biglietto e di essersi spinto a ciò fare perché vinto dalla fame, nella lusinga che col nome del Giordano sarebbe riuscito a far denaro.

Nel mattino del 5 luglio l'ispettore Di Donato partì per Morcone a scopo di assicurare alla giustizia Pasquale Parciasepe, colui che aveva recato il denaro pel riscatto di Libero Della Penna.

A confessione del Parciasepe seppe il Di Donato che il capraio Pietro Pallotta fu Michelangelo da Guardiaregia fu il portatore del biglietto alla famiglia Della Penna.

Arrestato, il Pallotta confessò al Di Donato che l'individuo dalla barba rossa era Libero Albanese suo compaesano, vecchio masnadiere, che aveva fatto parte delle orde brigantesche dal 1860 in poi e che, al par del Giordano, era scomparso da 12 anni.

Il terzo, quello dalle *cioce* non fu, da esso capraio, veduto e ciò trova riscontro nella dichiarazione del ricattato Libero Della Penna il quale diceva che questo terzo si nascondeva ogni qualvolta compariva il capraio.

Il che lasciava luogo a sospettare che fosse qualcuno di Guardiaregia.

Il Pallotta aggiunse che quando ebbe l'incarico, la sera del 27 giugno, di portare il biglietto in casa Della Penna, seppe dall'Albanese che il Giordano aveva stabilito di ricattare l'arciprete di Guardiaregia e che egli, il Pallotta, il mattino seguente avvertì della cosa l'arciprete, il segretario comunale e l'assessore, che funzionava da Sindaco.

La banda Giordano stette nel territorio di Guardiaregia dal 27 giugno al 1° luglio, però durante questo periodo di tempo non cessavano le voci che detti briganti si vedessero in altri comuni .

Infatti un tal Nicola De Lucia di Limatola, giunse fino al punto di propalare, in Solopaca, che un tale Stefano Rotti di Frasso Telesino era stato catturato e che per essere rilasciato si domandavano dal Giordano duemila lire.

Né cessavano biglietti di ricatto da parte di burloni e uno di questi fu mandato a Pasquale Masera di S. Agata dei Goti.

Si assodò anche che la giovane Addolorata Zeoli, che i giornali dicevano rapita dal Giordano, si trovò annegata in un pozzo, nel quale andò a gettarsi; perché affetta da mania ereditaria.

I due amici, Giordano ed Albanese, si mantennero nascosti, per molti altri giorni, senza essere molestati, nelle campagne di Campolattaro. Quando di ciò ebbero sentore le autorità di P. S, subito disposero, in quelle campagne, un movimento concentrico di truppa per arrestare detti briganti; ma fatto sta che nello stesso giorno che le truppe da diversi punti si avanzavano a quella volta, Cosimo e l'Albanese si dileguarono.

Le indagini praticate dall'ispettore Di Donato posero in luce che i due masnadieri, coadiuvati dai manutengoli di Campolattaro, erano riusciti a nascondersi in contrada *Cesine*, che trovasi in quel di Cerreto.

Fu detto che Cosimo Giordano, dopo la fiera dell'otto settembre, avendo intascato buona parte del denaro, che aveva dal 1860 al 1866 consegnata ai suoi manutengoli, e per tema che non venisse da qualcuno di questi tradito insieme con Albanese, lasciavano le campagne di Cerreto, e, a mezzo ferrovia, si recarono a Napoli, dove s'imbarcarono per Marsiglia. Ciò non è esatto poiché i due briganti lasciarono l'Italia, come abbiamo detto, la sera del primo luglio.

È certo però, che quando i due malfattori giunsero a Marsiglia, si separarono; poiché l'Albanese continuò il viaggio per l'America del Nord e il Giordano si diresse a Lione dove teneva un negozio di frutta e di liquori.

La moglie del Giordano, che era una donna sommamente superstiziosa, disse al marito che era oramai tempo di sposarla. Cosimo annuì ed allora il parroco del quartiere della *Croix-Rousse,* dove dimoravano i coniugi Pollice, si pose in relazione coll'arciprete del paese di *Madame la napolitaine* per avere il certificato di *stato libero.* Durante queste trattative ecclesiastiche il governo d'Italia venne a conoscere della dimora del Giordano.

Non mi è riuscito sapere se tra le nostre autorità e quelle di

Francia siano state intavolate le trattative per la estradizione del nostro famigerato brigante; però non cade dubbio, che, per tema che il Giordano fosse calato nuovamente in Italia, il Ministro dell'Interno mandò sopra luogo un abile delegato di P. S., il quale seppe stringere tale amicizia col Giordano, da indurlo, il 23 agosto 1882, a farsi accompagnare in Italia, dove diceva recarsi per affari commerciali.

Di tanta decisione il delegato ne tenne a giorno le superiori autorità italiane, le quali disposero che nel porto di Genova si fosse trovata, pel giorno 25, una barcaccia trasformata a trattoria. Quando il piroscafo, che portava i due amici, si fermò, il delegato espresse al Giordano il desiderio di voler far colazione su quella barca: «Verrò anch'io», disse il Giordano, e, dopo che quest'ultimo ebbe bevuto del vino e mangiato un pezzo di arrosto, fu circondato da alcune guardie in borghese e dichiarato in arresto.

Fu tradotto nelle carceri di Benevento dopo alquanti giorni ed ivi sottoposto ad un minuto interrogatorio .

È inutile dire che mentì le proprie generalità; poiché disse chiamarsi Giuseppe Pollice fu Pasquale e fu Lucia Barbaro, di anni 45 da Napoli, da dove era assente dal 1859 e che era venuto in Italia per recarsi in Atina e dare delle commissioni al signor Dragonetti sindaco di quel paese e al deputato Visocchi.

Dopo circa due anni, cioè nel 6 agosto 1884, Cosimo Giordano fu condotto nelle assisie di Benevento per essere giudicato.

Durante il dibattimento avvennero varii incidenti, tra i quali è da annoverarsi quello del ritiro della difesa.

Delle *bravure* commesse da questo delinquente ci siamo in parte occupati. Col seguente brano, che togliamo dalla memoria dell'amico nostro carissimo Egildo Gentile «*Il Castello e la Terra di Pontelandolfo*» diamo un'idea della reazione di Pontelandolfo:

«Mentre i rivolgimenti italiani preparavano il nuovo Regno, alcuni cittadini di Pontelandolfo si arruolarono tra i volontarii dell'esercito meridionale, altri organizzarono la milizia della guardia nazionale per la repressione dei faziosi, che infestavano la regione.

Una banda di briganti, di paesi diversi, comandata da Cosimo Giordano, aveva preso stanza alle falde del Matese. Sui primi del mese di agosto 1861 le voci su quell'orda brigantesca erano minacciose. Molti di Pontelandolfo se ne spaventarono e fuggirono lontano dal paese, ricoverandosi nelle città; pochi restaro no a guardare le case.

Erano le ore del vespro del 7 agosto. Il popolo, seguendo la croce e il clero, usciva dall'abitato per recarsi alla cappella di S. Donato (di cui quel dì ricorreva la festa) ad assistere ai salmi del vespro. Dopo un'ora, mentre si aspettava in paese il ritorno dei divoti dalla chiesetta, si vide tornare la croce seguita da un vessillo e da parecchi rivoltosi, che schiamazzando accompagnarono il clero in chiesa e l'obbligarono a cantare il *Te Deum* in rendimento di grazie per la restaurazione del governo borbonico che asserivano compiuta. Chiesta così la benedizione a Dio, corsero pel paese, incendiarono gli archivi del Giudicato e del Municipio, depredarono le case dei cittadini, che erano fuggiti, ed assassinarono l'esattore di fondiaria, un negoziante e un altro pacifico cittadino.

Il giorno 9, Cosimo Giordano, svaligiata la carrozza postale, entrò in Pontelandolfo. Un tal Libero d'Occhio, corriero segreto dei garibaldini, preso dagli affiliati del Giordano, venne da questi ucciso».

Ma «scene molto più luttuose e feroci di quelle perpetrate nel comune di Pontelandolfo si avverarono in Casalduni». A me tocca narrarne la più luttuosa come quella che ha stretta relazione coi fatti, che poi si svolsero a Pontelandolfo.

Il giorno 11 agosto, per sedare i disordini, fu da Campobasso inviato un drappello di 45 soldati del 36° di linea col tenente Luigi Augusto Bracci e i carabinieri. Di due soldati rimasti indietro, perché stanchi, uno fu ucciso, l'altro gravemente ferito; i restanti, avute munizioni dal vice sindaco di Pontelandolfo, si chiusero nella torre baronale. Provocati dai briganti, tentarono subito una sortita e s'incamminarono verso Casalduni; ma ivi una banda numerosa, comandata da Angelo Pica, li costrinse a darsi prigionieri. Giunto intanto l'annunzio dell'arrivo di altri soldati il brigante ordinò che i prigionieri fossero uccisi. Qualcuno riuscì a salvarsi, gli altri vennero uccisi.

«Dopo tali avvenimenti a Casalduni per sicura nuova di soldati marcianti niuno riposò; tutti fuggirono. Ma Pontelandolfo, niente sapendo, fu colto».

Sull'alba del 14 agosto un battaglione di 500 bersaglieri, comandati dal tenente colonnello Negri, si avanzava verso il paese; le campane suonavano a stormo, la gente smarrita fuggiva dall'abitato.

Il dì seguente un dispaccio da Fragneto Monforte annunziava laconicamente nei giornali ufficiali: «Ieri mattina all'alba giustizia fu fatta contro Pontelandolfo e Casalduni. Il sergente del 36°, il solo salvo dei 40, è colla nostra truppa, che fu oggi divisa in due colonne mobili».

Per la terza volta nello spazio di otto secoli circa, Pontelandolfo era stato fatalmente incendiato.

Fin dalle 10 del mattino del 25 agosto, ultimo giorno della causa, una gran folla si assiepava nell'aula di giustizia. Le autorità avevano, per la bisogna, disposto un servizio straordinario di forza, Giordano arrivò nella solita carrozza cellulare e venne rinchiuso nel gabbione dei rei.

Sulla tribuna non mancavano le solite donne avide di emozione.

Il Pubblico Ministero chiese alla Corte l'ordine e il modo delle questioni.

I capi d'accusa furono:

1. Furto qualificato in danno di Cappellano Francesco, ottobre 1860.

2. Estorsione violenta in danno di Giambattista Mastrobuono, 27 giugno 1862.

3. Omicidio volontario in persona di Giuseppe Parente, 27 maggio 1861.

4. Omicidio volontario in persona di Annibale Piccirillo, 1 settembre 1861.

5. Mancata estorsione di ducati 1000 con minacce d'incendio e biglietto a danno del monastero di Cerreto.

6. Mancata estorsione di ducati 120, con minaccia di morte e biglietti a danno del dott. Antonio Riccio.

7. Altra mancata estorsione di denaro con minaccia di morte in danno dello stesso.

8. Mancata estorsione con minacce in danno del canonico Pasquale Cofrancesco e Filippo Juliani.

9. Come capo banda di malfattori non minore di 5.

10. Grassazione commessa con violenze e minacce e sequestro di persona.

11. Omicidio volontario a colpi di armi bianche in persona di Vincenzo D'Andrea 10 gennaio 1863.

12. Mancata estorsione violenta e sequestro di persone in danno di Giosué Santillo e Lorenzo Cappella, 26 luglio 1865.

13. Estorsione violenta con sequestro di persone di Francesco Paolo Del Re, Francesco Ponte e Pellegrino Della Penna, 23 luglio 1865.

14. Mancata estorsione violenta con uccisione di bestiame ad Antonio Vaccarella, ottobre 1863.

15. Omicidio volontario in persona di Raffaele De Blasio a colpi di fucile e di arma bianca in Guardia Sanframondi, 12 luglio 1866.

16. Estorsione con sequestro di persone di Fabio Bolognese e Pasquale Mazzarella in Caiazzo, 26 luglio 1866, nonché di estorsione consumata di L. 15800 per mezzo di minacce di morte e sequestro di persone di Libero Della Penna giugno 1880. Tenimento Morcone.

17. Di reità di più reati.

Il Presidente, alle 11 precise, dichiarò chiuso il dibattimento e cominciò il riassunto con parola facile e spassionata.

Alle 12 precise i signori giurati Assini Giuseppe, De Leonardis Nicola, Cecere Paolantonio, Guadagno Tommaso, Romano Luigi, Iannetta Giacomo, Iandoli Francesco, De Longis Vincenzo, Palladino Alfredo, Gubitosi Antonio, Del Giudice Luigi e Vastalegno Bernardo, entrarono nella camera delle deliberazioni.

Restarono nell'aula i giurati supplenti signor Luigi M.ª Piccirilli e Biagio Farina.

Alle 3 i giurati uscirono. Un profondo silenzio si fece nell'aula.

Il capo dei giurati, signor Giuseppe Assini, lesse il verdetto. Rientrò, per ordine del Presidente, l'imputato. Il Cancelliere rilesse il verdetto, che il Giordano ascoltò con calma.

* * *

Alle 5 rientrò la Corte; il pubblico fece silenzio. Il Presidente con voce quasi sommessa lesse:

In nome di Sua Maestà Umberto I, per Grazia di Dio e per volontà della Nazione Re d'Italia. L'anno 1884 il giorno 25 agosto in Benevento.

la Corte di Assisie del Circolo di Benevento composta dai Signori: Commendatore Nicola Falconi, presidente, Domenico Iorio e Adolfo Sessa, giudici.

Letto il verdetto dei giurati, dal quale Cosimo Giordano fu Generoso da Cerreto Sannita è dichiarato colpevole:

1. Di avere nel 4 novembre 1860 nel quartiere dei Granili in Napoli rotta una valigia di pertinenza del signor Francesco Cappellani ed involato danaro contante ed altri effetti del valore di oltre lire 500.

2. Di aver fatto parte di una associazione di malfattori del numero non minore di cinque dal maggio 1861 al 1864 percorrendo le campagne del Beneventano e luoghi vicini ad oggetto di delinquere contro le persone e le proprietà e come capo e come direttore della detta banda.

3. Di avere nel giugno 1862 in compagnia di malfattori, in numero non minore di 5, sequestrato Giambattista Mastrobuono e con minacce di morte o di altro grave danno fatto con sequestro, ambasciate e con biglietti sottoscritti ottenne dalla famiglia del medesimo la somma di lire 8500.

4. Di avere nel 29 maggio 1861 nella contrada *Cerusiello* in tenimento di Cerreto ucciso Giuseppe Parente con un colpo di arma da fuoco.

5. Di avere nel primo settembre 1861 tolto volontariamente la vita ad Annibale Piccirilli dopo di averlo aspettato per qualche tempo lungo la strada che da Guardia Sanframondi mena a Cerreto Sannita, onde mandare in effetto l'avuto disegno.

6. Di avere nel 11 luglio 1862 in contrada *Starsia,* tenimento di Guardia, in riunione di banda armata nel numero non minore di cinque, con violenze e minacce, depredato il giudice Giovannantonio de Gennaro di

una valigia contenente biancheria ed altri oggetti del complessivo valore di L. 300 e la domestica di costui Enrichetta Gatti di un baule contenente biancheria ed altri oggetti di uso del complessivo valore di lire 171. Nonché di avere nelle circostanze di tempo e luogo sequestrato il detto De Gennaro mercé minacce di morte e di altro grave danno, manifestato la volontà di estorcere denaro dal medesimo con atti tali di esecuzione cui nulla rimaneva da fare per raggiungere lo scopo.

7. Di avere, nel 10 gennaio 1863, in tenimento di Cerreto, tolto volontariamente la vita a Vincenzo D'Andrea.

D'avere nel 10 gennaio 1863 in tenimento di Cerreto, manifestato la volontà di uccidere Giuseppe D'Andrea esplodendogli contro più volte il fucile, che lo feriva al braccio e alla coscia e se la morte del medesimo non avvenne fu per circostanze fortuite ed indipendenti dalla sua volontà cui nulla rimaneva da parte sua per raggiungere l'effetto desiderato.

8. Di avere, nell'ottobre 1863, in riunione armata di malfattori in numero non minore di cinque mercé minacce di grave danno fatto con biglietti, manifestato la volontà di estorcere denaro ad Antonio Vaccarella, con atto di esecuzione, cui nulla rimaneva dalla sua parte per mandarlo ad effetto.

9. Non che d'aver ordinato e fatto eseguire la uccisione di numero 350 pecore di pertinenza del medesimo Vaccarella, mentre pascolavano in aperta campagna nel fondo fissato dal padrone di esso.

10. Di avere nel 12 luglio 1866 tolto volontariamente la vita a Raffaele De Blasio, mercé ripetuti colpi di arma bianca e da fuoco, in tenimento di Guardia.

11. Di avere, nel luglio 1866, sequestrato le persone di Fabio Bolognese e di Pasquale Mazzarella ed estorto alla famiglia del primo, mercé minacce di morte o di altro grave danno, la somma lire 5098.

12. Di avere, nell'agosto 1861 in Pontelandolfo in riunione di banda armata di cui egli era il capo, consumati atti di esecuzione aventi per oggetto di cangiare e distruggere la forma del Governo e di istigare gli abitanti ad armarsi contro i poteri dello Stato.

Considerando che i fatti affermati costituiscono furto qualificato, mancata estorsione, estorsioni consumate in banda armata e con sequestro di persone, grassazione con violenze e minacce, omicidii volontarii, uno dei quali aggravato dall'agguato, punibile con la reclusione, con i lavori forzati a vita.

Poiché la condanna dei lavori forzati a vita trae seco la perdita dei diritti politici e la interdizione patrimoniale.

Poiché il condannato deve rispondere dei danni verso le parti civili e delle spese del giudizio.

Per questi motivi

LA CORTE

Visti gli articoli 605, 606, 601, 610, 602, 161, 426, 428, 596 N. 4°, 597, 522, 529, 534, 106, 107, 97, 20, 23 del codice penale 568 e 569 del codice procedura penale.

CONDANNA

Cosimo Giordano del fu Generoso e della fu Isaia Concetta di anni 43 di Cerreto Sannita alla pena dei lavori forzati a vita, alla perdita dei diritti politici ed alla interdizione patrimoniale, nonché ai danni a favore delle parti lese ed alle spese del giudizio a pro dell'Erario dello Stato. Ordina che la presente sia stampata, affissa e pubblicata a norma di legge.

Dopo la lettura di questa sentenza, tra la folla, così scriveva il Misasi, una donna scoppiò in pianto. Era Mariantonia, la sorella del Giordano, alta, nervosa, robusta, che aveva la figura di un uomo, ma che rivelava in quel pianto la tenerezza della donna.

Il giudicato, impassibile, muto, scese dallo stallo, affidò i suoi polsi ai carabinieri e circondato da guardie e carabinieri uscì dall'aula. La folla man mano si allontanava; solo in un canto dell'aula, restò quella donna, che, appoggiata alla parete, piangeva col capo tra le mani.

Il dramma finì, il sipario calò su quel colpevole pel quale il 25 agosto 1884, incominciò la espiazione, su quella donna che pianse sul fratello che vide nascere e che vide da giudici inflessibili condannare, per sempre, alla sepoltura dei viventi.

Ussari della Guardia Reale.
Individuo di truppa dei Reggimenti Ussari in gran tenuta
(Ruo dis., Deluise dip.)

Gendarmeria Reale a piedi.
Ufficiale in servizio di Provincia (a sin.),
Ufficiale in servizio della capitale (A. Di Lorenzo dis.)

Gendarmeria Reale a piedi.
Individuo in servizio di provincia (a sin.),
individuo in servizio della capitale (A. Di Lorenzo dis.)

Gendarmeria Reale a cavallo. Ufficiale in gran tenuta (Ruo dis.)

Gendarmeria Reale a cavallo. Squadrone per la capitale, ufficiale in gran tenuta (Ruo dis.)

Guardia di pubblica sicurezza a piedi.
Sottoufficiale in gran tenuta (a sin.), individuo in tenuta di rotta, individuo in tenuta giornaliera

Guardia di pubblica sicurezza a cavallo.
Individuo in gran tenuta (a sin.), individuo in tenuta giornaliera
(Ruo dis., Deluise dip.)

Artiglieria a piedi. Ufficiale in gran tenuta (a sin.), individuo in gran tenuta (A. Di Lorenzo dis.)

Artiglieria. Guardia di artiglieria (a sin.), guardiano di artiglieria, artigliere littorale

Artiglieria e treno. Ufficiale d'artiglieria in gran tenuta, Ufficiale del Genio in gran tenuta (A. Di Lorenzo dis.)

Ufficiale del genio. Ufficiale superiore in gran tenuta (a sin.), uffiziale e guardia del Genio (A. Di Lorenzo dis.)

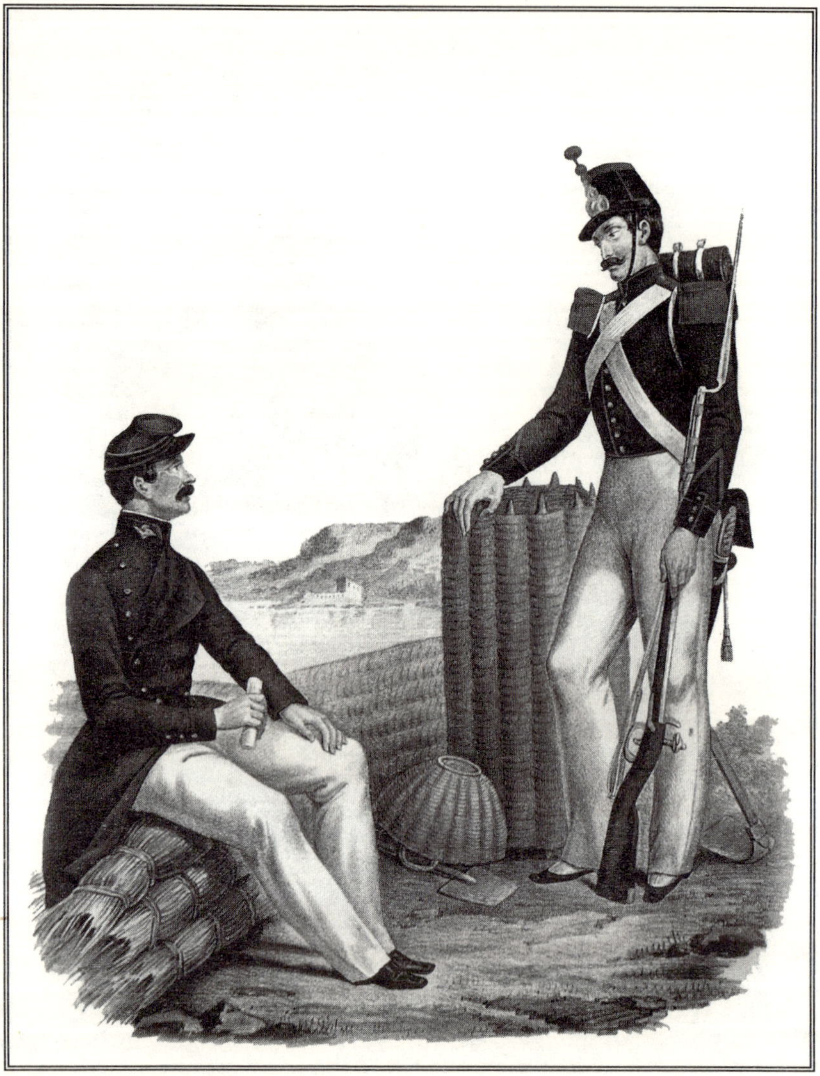

Battaglione zappatori e pionieri.
Ufficiale in tenuta giornaliera (a sin.) e individuo in gran tenuta
(A. Di Lorenzo dis.)

Reale officio tipografico.
Disegnatore (a sin.), ingegnere

Istituto di educazione militare. Ufficiale ed alunni dell'Istituto.
(A. Di Lorenzo dis.)

Stralci dell'inchiesta Massari

Michele Caruso

L'INCHIESTA PARLAMENTARE

Il 16 dicembre 1862, a Torino, ancora capitale del neonato regno d'Italia, la Camera dei Deputati si occupa, in seduta segreta, della drammatica situazione nel Mezzogiorno. Si decide un'indagine conoscitiva da affidare ad una Commissione parlamentare: l'iniziativa è «appoggiata vivamente dalla Sinistra, consentita dall'altre parti della Camera ed accettata dal Ministero» come scrive Aurelio Saffi che ne ricorda i compiti: «d'investigare le condizioni delle province meridionali, studiare i mezzi più efficaci di metter termine a quel flagello, col concorso delle forze cittadine, e proporre gli ordinamenti e i rimedi che stimerà più opportuni nell'intento».

L'elezione della Commissione, dopo tre giornate di votazioni, viene completata il 22 dicembre: ne fanno parte il Saffi e Stefano Romeo, della sinistra democratica, Achille Argentino, indipendente, Giuseppe Sirtori e Nino Bixio, ex garibaldini divenuti generali dell'esercito, Stefano Castagnola, rattazziano, ed i moderati Antonio Ciccone, Giuseppe Massari e Donato Morelli.

I risultati dell'indagine saranno presentati e discussi in aula, sempre in sedute segrete, il 3, 4 e 5 maggio 1963. Passeranno alla storia come "inchiesta Massari", dal nome del relatore, il deputato pugliese, giornalista a Torino e uomo di Cavour.

Qualche mese dopo sarà varata la famosa legge Pica, approvata dalla Camera il 6 e pubblicata il 15 agosto 1863 che affiderà ai Tribunali militari non solo i reati di brigantaggio ma anche quelli di presunto favoreggiamento ed istituirà le giunte provinciali per l'invio al domicilio coatto dei sospetti. Resterà in vigore fino al 31 dicembre 1865.

Questa data segna ufficialmente la fine di quello che viene definito grande brigantaggio. Bande più o meno isolate, però, continueranno ad operare fino al 1870.

g.c.

Capitolo Primo

Cause e caratteri del brigantaggio

La Camera ci ha dettato l'ordine logico a cui deve informarsi la nostra esposizione nei termini stessi del mandato che si compiaceva affidarci. Nel Comitato secreto del 16 dicembre 1862 ci veniva commesso l'incarico di riferire intorno alle cause ed allo stato del brigantaggio nelle provincie napolitane, e intorno ai più acconci provvedimenti che fossero a prendersi dal Parlamento e da suggerire al Governo per la più efficace repressione di esso. In conformità di quest'incarico noi veniamo oggi a dirvi quali siano, a senso nostro, le cause del brigantaggio, quale il suo stato attuale, e quali i diversi provvedimenti che Governo e Parlamento debbono prendere non solo per reprimere gli effetti immediati del male, ma anche per rimuoverne le cause, e prevenirne in tal guisa il possibile rinnovamento.

Incominciamo dalle ragioni. Dalla loro definizione soltanto, dalla determinazione precisa della maggiore o minore loro importanza si può inferire il concetto esatto e veritiero del brigantaggio, e quindi il criterio con cui debba procedersi per combatterlo ed estirparlo. Facil cosa é dire che il brigantaggio si è manifestato nelle provincie meridionali, a motivo della crisi politica ivi succeduta; con ciò si enuncia il motivo più visibile del doloroso fatto, ma si rimangono nell'ombra le ragioni sostanziali, le quali invece sono quelle che vanno accuratamente studiate ed esaminate, perché esse sole possono fornire l'indicazione dei mezzi più sicuri e più efficaci a ricondurre le cose nelle condizioni regolari. La prima domanda che spontanea sorgeva nell'animo nostro era la seguente: il brigantaggio, che da tre anni contrista le provincie continentali del mezzodì dell'Italia, è conseguenza esclusiva del cangiamento politico avvenuto nel 1860, oppure questo cangiamento è stato soltanto un'occasione, dalla quale lo sviluppamento del brigantaggio è stato determinato? Negli ordini politici e sociali, come nel fisico, non basta riconoscere le cause prossime ed immediate dei fenomeni, ma è di uopo accennare se a queste cause si colleghino altre, senza le quali l'azione delle cause prossime ed immediate o non potrebbe svolgersi affatto, oppure raggiungerebbe proporzioni minime e di poca entità. Certo è cosa evidente che in tutte le crisi politiche il principio di autorità soggiace a gravi scosse, i vincoli sociali si rallentano, le ragioni intrinseche di sicurezza e di tranquillità scapitano di molto nel loro rigore; e quindi è naturale che avvengono gravi disordini, e che la sicurezza pubblica, segnatamente, sia profondamente turbata. Certo le provincie napoletane hanno soggiaciuto nel 1860 ad una crisi di questo genere, e torna agevole il comprendere come in seguito a ciò siasi manifestato il brigantaggio. Ma basta forse la sola crisi politica a rendere ragione e dell'intensità del male e delle proporzioni che ha raggiunte e della ostinazione con cui resiste ai mezzi adoperati per combatterlo e guarirlo? A persuadervi che restringendo a quella poc'anzi enunciata le cause del brigantaggio si cadrebbe in errore, basterà una sola considerazione.

Gl'influssi della crisi politica non potevano essere e non sono stati diversi nelle diverse provincie dell'ex-reame napolitano: se dunque in ogni caso la loro azione è stata identica, gli effetti avrebbero pure dovuto essere i medesimi in ognuna di quelle provincie, e queste avrebbero perciò dovuto essere allo stesso grado infestate dal brigantaggio. La conclusione è strettamente logica: ma il fatto la contraddice, poiché è in dubitato che mentre in alcune provincie il brigantaggio ha infierito ed ha raggiunto terribili proporzioni, come, a cagione d'esempio, in Capitanata ed in Basilicata; in altre, come le Calabrie, o non ha allignato affatto o tutto al più si è ristretto in angusti limiti. Per rendere ragione di questo contrasto è dunque mestieri supporre o che la crisi politica non abbia avuto nessun influsso in alcune provincie e molto in altre, oppure che le rispettive condizioni di quelle provincie, non essendo identiche, gli effetti della crisi siano stati diversi. La prima di queste ipotesi non regge all'esame: il rivolgimento politico essendo unico, nella sua essenza e nella sua origine, non poteva non tramandare i suoi influssi alla stessa guisa e con la medesima efficacia in tutte le località, e quindi sarebbe all'intutto gratuito ed assurdo il supporre e l'asserire che questi influssi si manifestassero e fossero attivissimi a Foggia ed a Potenza, latenti od inerti a Catanzaro ed a Reggio. La ragione del divario va dunque ricercata altrove e propriamente nella diversità delle condizioni delle varie provincie. Ond'è che dall'evidenza dei fatti noi siamo stati costretti a domandarci se per avventura non esistessero cause generali ed essenziali che contribuiscono a rendere in alcune località, meglio che in altre, più agevole, più pronto, più terribile lo sviluppo del brigantaggio e frappongono più gagliardi ostacoli alla sua estirpazione. La risposta a questa domanda ci è stata largamente fornita e dalla osservazione dei fatti e dalle ricordanze istoriche, e dalle opinioni di molte fra le persone che all'uopo abbiamo interrogate, e di quelle che spontaneamente ci hanno partecipato per iscritto il loro parere. Quelle osservazioni, quelle ricordanze, quelle opinioni, ci hanno condotto a conchiudere che il brigantaggio ha una sua precipua ragione di essere in alcune cause, che non sono quelle che a prima giunta si scorgono, e che pur troppo non sono, né le meno efficaci, né le meno essenziali. A bene esprimere il nostro concetto diremo che il brigantaggio, se ha pigliato le mosse nel 1860, come già nel 1806, ed in altre occasioni, dal mutamento politico, ripete però la sua origine intrinseca da una condizione di cose preesistente a quel mutamento, e che i nostri liberi istituti debbono assolutamente distruggere e cangiare. Molto acconciamente è stato detto e ripetuto essere il brigantaggio il fenomeno, il sistema di un male profondo ed antico: questo paragone desunto dall'arte medica, regge pienamente, ed alla stessa guisa che nell'organismo umano, le malattie derivano da cause immediate, e da cause predisponenti; la malattia sociale, di cui il brigantaggio è il fenomeno, è originata anche essa dallo stesso duplice ordine di cause.

Le prime cause adunque del brigantaggio sono le cause predisponenti. E prima fra tutte, la condizione sociale, lo stato economico del campagnuolo, che in quelle provincie appunto, dove il brigantaggio ha raggiunto proporzioni maggiori, è assai infelice. Quella piaga della moderna società, che è il proletariato, ivi appare più ampia che altrove. Il contadino non ha nessun vincolo che lo astringa alla terra. La sua condizione è quella del vero nullatenente, e quand'anche la mercede del suo lavoro non fosse tenue, il suo stato economico non ne sperimenterebbe miglioramento. Dove il sistema delle mezzerie è in vigore, il numero dei proletarii di campagna è scarso; ma là dove si pratica la grande coltivazione, sia nell'interesse del proprietario, sia in quello del fittaiolo, il numero dei proletari è necessariamente copioso. Tolgasi ad esempio la Capitanata. Ivi la proprietà è raccolta in pochissime mani: la stessa denominazione di proprietari anzi è inesatta; perché in verità essi non sono che censuari e veri vassalli del Tavoliere di Puglia; dove il numero de' proletari è grandissimo. A Foggia, a Cerignola, a San Marco in Lamis havvi un ceto di popolazione, addimandato col nome di *terrazzani*, che non possiede assolutamente nulla e che vive di rapina. Nella sola città di Foggia i terrazzani assommano ad alcune migliaia. Grande coltura: nessuno colono: e molta gente che non sa come fare per lucrarsi la vita. *I terrazzani ed i cafoni*, ci diceva il direttore del demanio e tasse della provincia di Foggia, *hanno pane di tal qualità che non ne mangerebbero i cani.* Tanta miseria e tanto squallore sono naturale apparecchio al brigantaggio. La vita del brigante abbonda di attrattive per il povero contadino, il quale, ponendola a confronto con vita stentata e misera che egli è condannato a menare, non inferisce di certo, dal paragone, conseguenze propizie all'ordine sociale. Il contrasto è terribile, e non è a meravigliare se, nel maggior numero dei casi, il fascino della tentazione al male oprare sia irresistibile. I cattivi consigli della miseria non temprati dall'istruzione e dalla educazione, non infrenati da quella religione grossolana che si predica alle moltitudini, avvalorati dallo spettacolo del cattivo esempio, prevalgono presso quegli infelici, e l'abito a delinquere diventa seconda natura. La fioca voce del senso morale è soffocata, ed il furto, anziché destare ripugnanza, appare mezzo facile e legittimo di sussistenza e di guadagno, ond'è che sorgendo dall'occasione l'impulso al brigantaggio, le sue fila non indugiano ad essere ingrossate. Su 373 briganti, che si trovavano il giorno 15 aprile prossimo passato nelle carceri della provincia di Capitanata, 293 appartengono al misero ceto dei così detti *braccianti*. Là invece dove, le relazioni tra il proprietario ed il contadino sono migliori, là dove questi non è in condizione nomade ed è legato alla terra in qualsivoglia modo, ivi il brigantaggio può, manifestandosi, allettare i facinorosi, che non mancano in nessuna parte del mondo, ma non può gettare radici profonde, ed è con maggiore agevolezza distrutto. Nella provincia di Reggio di Calabria difatti, dove la condizione del contadino è migliore, non vi sono briganti. Nelle altre due Calabrie, la provincia di Catanzaro e quella di Cosenza, le relazioni tra contadini e proprietari sono cordiali, e quindi allorchè questi invocano l'aiuto di quelli per difendere la proprietà e la sicurezza, sono certi di conseguirlo. Nelle provincie dove lo stato economico e la condizione sociale dei campagnuoli sono assai infelici il brigantaggio si diffonde rapidamente, si rinnova di continuo, ha una vita tenacissima, mentre in quello dove quello stato è più tollerabile, dove quella condizione è comparativamente migliore, il brigantaggio suol essere frutto d'importazione, né può, manifestandosi, oltrepassare certi limiti; e quando sia stato una volta disfatto, non risorge con tanta facilità. Quante e quante volte le bande di Caruso e di Crocco in Capitanata e Basilicata sono state sbaragliate e decimate, e talvolta pur quasi interamente distrutte, e frattanto sono sempre risorte. In Terra di Lavoro invece la banda di Cipriano della Gala tenne la campagna per molto tempo, ma alla fine fu incontrata dalla truppa e completamente distrutta. D'allora in poi, abbenché il capo-banda sia ancor vivo e non fatto prigioniero, della banda non si è più inteso parlare. In provincia di Bari è succeduto un caso identico. Una banda di masnadieri, guidata da un tal Pasquale Romano di Gioia, ex-sergente borbonico, contristava con ogni maniera di rapine e di uccisioni quelle amene ed ubertose contrade; nei primi di gennaio scorso i cavalleggieri di Saluzzo, comandati dal valoroso capitano Bollasco, e secondati dalla coraggiosa guardia nazionale di Gioia, assalirono l'infame banda, ne uccisero il capo e la distrussero, d'allora in poi il tenimento di Gioia è libero e sicuro. Il circondario di Sora in Terra di Lavoro è limitrofo al territorio pontificio, e quindi esposto tutto dì alle incursioni delle bande brigantesche che tranquillamente e con tutti gli agi immaginabili si organizzano in quel territorio; frattanto il brigantaggio è ivi affatto transitorio e non trapassa i limiti della importazione. E perché? Perché la condizione del contadino è migliore che altrove, perché il paese è assai industrioso e commerciante, perché i lavori della strada ferrata hanno adoperate molte braccia e cagionato l'aumento dei salarii. La banda di Chiavone era reclutata tra i contadini più miseri della selva di Sora, e della vicina valle Roveto. Nel Molise la condizione del contadino non è prospera, così pure nella Basilicata, dove in aggiunta sono vive assai le controversie per le usurpazioni dei beni demaniali. Nel circondario di Avezzano, in provincia di Aquila, i contadini vanno a lavorare nel vicino agro romano, e guadagnano onestamente la vita. Quel circondario, pari a quello di Sora, è limitrofo al territorio pontificio, ed ivi pure il brigantaggio è conseguenza d'importazione. In generale ciò si avvera in tutto l'Abruzzo Aquilano, perché in esso pochi sono i contadini i quali non abbiano qualche vincolo alla terra. Nell'Abruzzo Teramano, il fatto, del quale accenniamo, risulta con molta evidenza: quella provincia fu l'ultimo asilo delle truppe borboniche, nella fortezza di Civitella del Tronto, la quale si arrese dopo la caduta di Gaeta; non mancava adunque il fomite del brigantaggio: pertanto la provincia fu preservata dal flagello a motivo, senz'alcun dubbio, della mitezza e del patriottismo dei suoi abitanti, ma anche perché lo stato economico dei contadini non è cattivo. Il contrapposto che risulta dalla diversità delle condizioni sociali ed economiche è evidente; nol solo esso sorge facendo il confronto fra le diverse provincie, ma è visibile anche senza uscir dai confini di una stessa provincia, valga ad esempio l'Abruzzo Chietino. Nel circondario di Chieti è stabilita tra il proprietario ed il contadino una specie di società, mediante la quale questo si obbliga a prestare la propria opera, e l'altro il fondo od il capitale. Il profitto è ripartito in determinate proporzioni, le quali variano a seconda della fertilità del terreno. Il contadino perciò non è un semplice bracciante che per salario lavora la terra, ma è invece legato a questa, partecipa agl'interessi del proprietario. Nel circondario di Chieti il brigantaggio è stato importato ma non vi ha mai gettato radici. In un altro circondario della stessa provincia, in quello di Vasto, la sorte del contadino non è così lieta: si avvicina a quella del contadino di Campobasso e di Foggia; ed il circondario di Vasto è stato una delle contrade abruzzesi dove più il brigantaggio ha imperversato; né ha incominciato a declinare se non quando, attivandosi i lavori della strada ferrata, la povera gente ha potuto accorgersi che il valore della mano d'opera era di molto cresciuto, e che il lavoro può procacciare un guadagno onesto, sicuro e copioso. In alcune località, il contrapposto è visibile entro i limiti dello stesso mandamento. Nella medesima provincia di Chieti, sono nel medesimo mandamento Bomba e Montazzoli: a Bomba la sorte del contadino non è cattiva; a Montazzoli, si avvera l'opposto. Il numero dei briganti nel primo paese è scarsissimo; nel secondo è rilevante. Ma vi è ancora di più. Il mutare delle condizioni sociali ed economiche nella stessa località, attenua, se pure, non distrugge completamente, la predisposizione al brigantaggio. Un onorevole senatore di Capitanata ci narrava il fatto seguente. Durante il decennio dell'occupazione francese, Orsara fu uno dei paesi che offrì maggior numero di briganti. Il governo borbonico stimò opportuno di dividere i beni demaniali di quella terra tra coloro che possedevano un capitale di '20 carlini in giù. Il concorso fu numerosissimo: ognuno poté comperare una mezza versura di terreno (due jugeri) ed una intera, allorché la qualità dei terreni era assai cattiva. Mutate in tal guisa le condizioni sociali ed economiche, Orsara ha fornito uno scarsissimo contingente all'attuale brigantaggio: in questi tempi, cotesto contingente riducevasi a due.

La condizione di cose, della quale siamo venuti fin qui discorrendo, ci sembra porgere in modo non equivoco la nozione di una delle cause, che con maggiore efficacia generano fatalmente in alcune provincie meridionali la funesta predisposizione al brigantaggio. Il sistema feudale spento dal progredire della civiltà e dalle prescrizioni delle leggi ha lasciato una eredità che non è ancora totalmente distrutta; sono reliquie d'ingiustizie secolari che aspettano ancora ad essere annientate. I baroni non sono più, ma la tradizione dei loro soprusi e delle loro prepotenze non è ancora cancellata, ed in parecchie località, che abbiamo nominate, l'attuale proprietario non cessa di rappresentare agli occhi del contadino l'antico signore feudale. Il contadino sa che le sue fatiche non gli fruttano benessere, né prosperità; sa che il prodotto della terra, innaffiata dai suoi sudori, non sarà suo; si vede e si sente condannato a perpetua miseria, e l'istinto della vendetta sorge spontaneo nell'animo suo. L'occasione si presenta; egli non se la lascia sfuggire; si a brigante; richiede, vale a dire, alla forza quel benessere, quella prosperità che la forza gli vieta di conseguire, ed agli onesti e mal ricompensati sudori del lavoro preferisce i disagi fruttiferi della vita del brigante. Il brigantaggio diventa in tal guisa la protesta selvaggia e brutale della miseria, contro antiche e secolari ingiustizie.

2

Ma forse la causa predisponente al brigantaggio, che risulta dalla infelice condizione sociale, dalla miseria, dalla povertà, non possederebbe la terribile efficacia, che in realtà possiede e manifesta, se non fosse potentemente coadiuvata da un'altra causa dello stesso genere, vale a dire dal sistema borbonico. La sola miseria non sortirebbe effetti cotanto perniciosi, se non fosse congiunta ad altri mali che la infausta signoria dei Borboni creò, ed ha lasciati nelle provincie napolitane. Questi mali sono l'ignoranza gelosamente conservata ed ampliata, la superstizione diffusa ed accreditata; e segnatamente la mancanza assoluta di fede nelle leggi e nella giustizia. Gli uomini che a migliaia nel periodo di soli sessant'anni il governo borbonico ha scannato sui patiboli, o fatto dolorare negli ergastoli, nelle galere, negli esigli, non furono le vittime più infelici; la scure del carnefice, il capestro, non furono i maggiori, né i più crudeli tormenti di supplizio usati dai Borboni, i quali si adoperarono a commettere il più nefando dei parricidii, quello di togliere ad un intero popolo la coscienza del giusto e dell'onesto.

Ferdinando II segnatamente arrecò, nella proterva impresa, un'operosità ed un ingegno veramente infernale. Del tribunale della giustizia umana, come di quello della giustizia divina, aveva fatto il sacrario della denuncia e della menzogna; aveva confusa l'onorata assisa del soldato con quella del delatore e dello scherano; glorificava ed onorava il delitto, puniva come infamia la virtù e l'eroismo; famelico di dominio assoluto, poco gli premeva di regnare su di un deserto, purché regnasse; poco gli premeva che i puntelli del suo trono fossero l'iniquità, la frode, la venalità, purché si vedesse sopra; ed il suo regno lungo e funesto fu un brigantaggio permanente contro il più sacro diritto di proprietà, quello dell'onestà: contro la più preziosa prerogativa della vita delle nazioni, la morale. La stessa voce irresistibile dell'istinto, che lo avvertiva come la sua dinastia potesse reggersi per qualche tempo, ma non regnare per sempre nell'estremo lembo d'Italia, non lo distoglieva dall'esiziale assunto, ma sempre più ve lo infervorava: regnare, e non potendo più regnare, lasciare al governo civile, che prevedeva dovesse succedere a quello della sua dinastia, un cadavere; questo era il suo scopo[1]. Non gli fu dato raggiungerlo, perché l'intelligenza napolitana oppose al perverso disegno un'incrollabile resistenza; e fu vittoriosa. Ma l'apostolato della immoralità e della ingiustizia, fatto dall'alto di un trono, non poteva non far risentire i suoi effetti sulle povere plebi; ed oggi, alla luce della libertà, se ne scorgono le amare conseguenze. Ce lo hanno detto e ripetuto tanti onorevoli ed autorevoli uomini: questo popolo non ha il sentimento della giustizia, non ha fiducia in essa, non ci crede. Qual meraviglia di ciò se per tanto volgere di anni quel popolo ha veduto il prete confondere le attribuzioni del suo santo ministero con quelle del delatore, il magistrato trafficare la giustizia, il soldato far da carnefice? Qual meraviglia se plebi misere ed infelici ed educate a questa guisa accorrono oggi ad ingrossare le file dei briganti? Qual meraviglia se nel periodo di trasformazione, dal passaggio cioè del dominio assoluto della forza brutale all'impero pacifico della libertà e delle leggi quelle povere plebi chieggiono alla violenza e alla ribellione contro la società il ristoro ai lunghi anni, alle eterne ingiustizie, quel ristoro che non sarebbe in grado di ottenere dal lavoro e dalla libertà?

1. Ai principii del 1849 Ferdinando II diceva all'ex-ministro principe Dentice, ora defunto, «se io debbo lasciare il regno legherò ai miei successori cinquant'anni d'anarchia»

Capitolo Secondo

Responsabilità del potere centrale

Generato dalle cause predisponenti, delle quali abbiamo fatta l'enumerazione, prodotto e promosso dalle cause immediate e prossime testè rammentate, il brigantaggio si è, per cosí dire, accampato nelle provincie continentali del mezzodí d'Italia, e, comecché in via di evidente declinazione, dura ed arreca danni di ogni maniera nelle persone e nelle cose, e nell'animo delle tormentate popolazioni desta lo sconforto e l'ansietà, che sono il portato inevitabile della mancanza di quella prima necessità di ogni ben ordinato vivere civile, che è la sicurezza delle persone e delle proprietà. Ma quali sono i motivi della tenace permanenza del brigantaggio? La risposta a questa interrogazione implica l'esame delle cause che alimentano il brigantaggio, e quello delle ragioni per cui i rimedi finora adoperati siano stati inefficaci. Questo duplice esame è inseparabile, poiché evidentemente la persistenza delle cause non può non conferire alla inefficacia dei rimedi, e questa alla sua volta mutandosi in cagione, conferisce alla durata ed alla tenacità del male. Ora le cause per le quali il brigantaggio tuttavia sussiste, e non cede all'eroica costanza, all'indomito valore dei nostri soldati, sono chiaramente indicate dalle vicende di quegli ultimi due anni. È, una dolorosa responsabilità che non compete a nessun partito politico e che in pari tempo compete a tutti; è una concatenazione di fatti, della quale vanno chiamati in colpa e le cose e gli uomini in genere, nessuno in particolare. Un grande disordine sociale, com'è il brigantaggio, non può non ricevere alimento da un grande lavorio di ricomposizione politica, com'è quello a cui oggi è intenta l'Italia. È, una fatalità della quale la ingiustizia delle parti politiche può a vicenda accagionare l'una all'altra la responsabilità, ma che in realtà spetta a tutte od a nessuna. Dal giorno in cui la dinastia borbonica cessò dal regnare, il principio politico del nuovo governo delle provincie napoletane è stato indubitatamente il medesimo, quello vale a dire della unità monarchica e costituzionale; ma i rappresentanti, gli esecutori del concetto sono stati diversi, ed hanno adoperato per attuarlo sistemi e mezzi diversi. E tutti hanno commesso errori: e chi ponga mente alla straordinaria novità dei casi, consentirà di leggieri che non potevano non commetterne. L'Italia soggiace ad un lavoro di trasformazione, del quale non porgono riscontro le istorie: lavoro pieno di grandezza e di gloria, irto di difficoltà, le quali debbono essere necessariamente maggiori in quelle provincie dove maggiori furono le sventure passate, e quindi più ampie e più profonde le piaghe per esse prodotte. Commisero errori e il governo della dittatura, e quelli delle quattro luogotenenze, e le successive amministrazioni; le stesse buone intenzioni arrecate da chi succedeva nello emendare gli errori di chi lo aveva preceduto accrescevano il numero di questi e la intensità dei cattivi effetti. Il rapido succedersi degli uomini ingrossava le incertezze, accresceva le oscillazioni governative connaturate ai principii di qualsivoglia reggimento politico: e queste incertezze, queste oscillazioni comparivano maggiori egli occhi di popolazioni le quali, perché avevano eccessivamente sofferto, eccessivamente speravano, e non si figuravano, né lo poteano, che alla miracolosa prontezza dell'opera della distruzione fosse per succedere tanta lentezza nell'opera della riedificazione. A popolazioni avvezze a veder fatto il male in modo istantaneo non poteano non parere inesplicabili ed essere intollerabili gl'indugi e le lungaggini non evitabili nel fare il bene. Quindi una naturale inclinazione al dubbio, al sospetto, alla sfiducia, al malcontento: ragioni tutte di debolezza, e fomite perciò, non rimedio, al disordine sociale già esistente. Né la nozione vera della nuova forma di governo poteva ad un tratto acquistare nelle menti e nelle coscienze il vigore che ingenera e mantiene la fiducia; né il falso ed illiberale concetto della onnipotenza assoluta del Governo nel bene e nel male poteva essere sradicato ad un tratto; onde la tendenza ad accusare il Governo del bene non fatto dei mali non riparati, a continuare a discorrere di esso come di cosa affatto distinta e separata, se non avversa, dalla nazione, e chiamarlo in colpa della stessa eredità di falli e di mali passati, ad assegnare a mal volere gli errori inevitabili. ad interpretare come debolezza lo stesso ossequio alle leggi ed ai riti costituzionali. Lo stesso retaggio delle ricordanze istoriche conferma gli animi in queste disposizioni. Ricordano le popolazioni che nel 1799 i Borboni cacciati dal regno, tornarono; che nuovamente scacciati nel 1806, nuovamente tornarono; che nel 1820 gli ordini dello Stato furono mutati a libertà, ed a capo di pochi mesi per inganno e per violenza restituiti a despotismo; che nel 1848, nel breve giro di tre mesi, avvenne lo stesso. Queste ricordanze incontrano senza dubbio grande ostacolo nella potenza del sentimento nazionale, e nella progrediente coscienza del nuovo non più veduto ordine di cose; ma i loro influssi non possono essere ad un tratto annientati, e non è a stupire se traggono da essi alimento colpevoli speranze e paure miserabili.

Da questo complesso di cose torna agevole inferire come abbiano a grandeggiare le difficoltà nel periodo che intercede tra la distruzione degli ordini vecchi e la instaurazione dei nuovi, tra la cessazione del regno della forza e l'inaugurazione, o, a dir meglio, l'attuazione di quello della legge. Il giorno in cui sarà compiutamente attuato in quelle provincie il sistema della legalità costituzionale, superiore a tutti i partiti, protettrice di tutti i diritti, vindice imparziale di tutti i torti, gli argomenti ed i pretesti di sfiducia cesseranno ed ognuno accorrerà fidente a riparare all'ombra d'una legalità, che non è privilegio di nessuno in particolare, ma di tutti, senza eccezione.

Capitolo Terzo

Religione politica e brigantaggio

Tristo a dirsi, molta parte del sacerdozio cattolico anche questa volta ha mancato in luttuosi frangenti alla sua missione di pace e di carità. Non parliamo ben inteso di tutto il clero, ma di quella parte di esso che immolando i principi religiosi a mondani interessi ed immedesimando la causa della Chiesa con quella di una potestà essenzialmente umana e caduca ha sconosciuto l'altezza dei suoi doveri, ed ha stretta la mano a tutti i nemici grandi e bassi, palesi ed occulti della quiete e della integrità della nazione italiana. Aizzato dalla legge su i conventi del 17 febbraio 1861, frettolosamente compilata ed improvvidamente promulgata, giacché ebbe il torto di ledere gli interessi senza schiantare il male dalla radice, commosso e sdegno ed a timore per l'inevitabile fine della moriente dominazione ecclesiastica; cotesto clero dapprima si diede a promuovere le reazioni, e quando queste vennero debellate e sconfitte, invece di raccogliersi e pentirsi stese la mano al naturale erede delle reazioni, al brigantaggio. Una sua parola dall'alto del pergamo, un suo suggerimento dal confessionale sarebbero bastati ad allontanare od almeno ad attenuare il flagello: ma quella parola non fu pronunciata, quel suggerimento non fu dato. A noi è stato detto e ripetuto in tutti i paesi che abbiamo visitato che dal confessionale partono incitamenti e conforti al brigantaggio; non ci sono state, né potevano esserci allegatele prove giuridiche di quest'asserzione; ma ciò non toglie che essa non esprima un convincimento morale, il quale è profondo ed universale. Certo è che un sol motto profferito dal tribunale della penitenza, ed indirizzato alle donne e dai parenti dei briganti avrebbe avuto salutare ed immediata efficacia; ora è forse arrischiato presupposto l'inferire della mancanza dell'effetto quella della cagione? Se quel motto fosse stato detto i briganti meno induriti e meno pervivaci non avrebbero forse mutato vita? Od alla peggio il numero dei parati a delinquere non sarebbe forse scemato? Il pergamo d'ordinario si è taciuto, ma quando non ha avuto ritegno di affrontate i rigori della giustizia umana ha perorato la causa del brigantaggio, si è studiato di santificarla, ha tentato il sacrilegio d'innalzare il masnadiere bruttato d'infamie e di sangue alla dignità di martire. Nello scorso mese di dicembre dalla cattedra di una delle più affollate chiese di Napoli, un predicatore diceva: *I nostri fratelli i briganti in varie provincie d'Italia riportano la vittoria, e sempre la riporteranno perché combattono contro il Re usurpatore: la Madonna dovrà farci il miracolo di veder cacciati fuori del regno gli usurpatori.* Ed un altro predicando in altra chiesa della stessa città nella novena dell'Immacolata Concezione prorompeva in questa apostrofe: *Vergine Immacolata, io non ti crederò più Vergine se tu subito non farai tornare gli adorati sovrani Francesco e Maria Sofia.* E quand'anche il pergamo si fosse sempre taciuto il silenzio solo basterebbe ad accusarlo. Solevano altre volte i ministri del santuario usare il pio costume d'invocare dal cielo con solenni preci la cessazione dei pubblici flagelli; ma ciò non è avvenuto questa volta.

Il sergente Romano, capo della banda brigantesca di Gioia, in provincia di Bari, soleva far celebrare, pagandola, una messa nella cappella della Masseria detta dei *Monaci*, che perciò venne denominata la *messa dei briganti*, e trovava pronto sempre il cappellano, che invocando le divine benedizioni su quella masnada osava tentare di far complice di essa il cielo. A Minervino nella stessa provincia, infermava a morte un caporale del nostro esercito, ed il sacerdote invitato ad amministrare i conforti ed i sacramenti della religione a quel prode che aveva combattuto contro i briganti, spietato glieli rifiutava. A Vieste, nel Gargano, bastò che un sacerdote celebrata la messa dinanzi alle truppe cantasse il *Domine salvum fac regem*, perché l'arciprete interdicesse la chiesa. In un'altra località invece un brigante entrava in chiesa a cavallo, ed in quella postura ascoltava la messa: né per quanto a noi consti fu pronunciata veruna interdizione. Un brigante del Gargano, soprannominato il *principe Luigi*, essendo riuscito in uno scontro con i lancieri di Montebello a salvar la vita con la fuga, pensò celebrare lo scampo come portento operato dalla Vergine Santissima, e fece dipingere un quadro nel quale egli era effigiato alle prese con quei lancieri, e dalle loro offese tutelato e serbato incolume dalla Madonna del Carmine. Il quadro fu collocato con religiosa solennità nella chiesa di Monte Sant'Angelo. Il prefetto di Capitanata fece arrestare l'artista, da cui la dipintura era stata fatta, ed il sacerdote che si era prestato a quella profanazione. Il tribunale di Lucera (sia detto fra parentesi) rilasciò in libertà l'uno e l'altro.

I briganti sono superstiziosissimi: recano sotto le vesti amuleti e scapolari in gran copia: in certi dati giorni, senzamai smettere le uccisioni ed i furti, sono capaci per devozione alla Madonna di non mangiar carne. *I briganti*, ci diceva il prefetto della provincia di Capitanata, *sono usi ad ogni stravizzo, ad ogni scelleratezza: eppure fanno dire le messe ai preti, ai quali le pagano largamente.* Un colonnello dell'esercito nostro che passò molti mesi nella stessa provincia di Capitanata, ci narrò una usanza, alla cui attuazione i preti hanno parte. Per farsi invulnerabili, per rendersi immuni dai pericoli, per affrontare coraggiosamente la morte, i briganti nell'accingersi alle sanguinarie e scellerate imprese si fanno consacrare da un sacerdote, il quale consegna ad essi la sacra ostia, e per mezzo di un taglio gliela intromette alla base del dito pollice. Alcuni briganti non è guari caduti in potere della giustizia hanno dichiarato di avere ricevuto da sacerdoti sacre immagini col suggerimento di mettersele in bocca, e con la promessa che in tal guisa sortirebbero illesi da tutti i combattimenti.

Altri briganti presi nelle vicinanze di Zungoli, circondario di Ariano, recavano sul petto la stella pontificia. *I briganti*, ci diceva il generale Villarey, *hanno tutti religione a loro modo; quando possono fanno cantare le litanie nei boschi; portano addosso le immagini della Madonna e corna contro il fascino.*

Il sergente Romano, di Gioia, mentre teneva la campagna scriveva pietose giaculatorie, ed intitolava gli assassini che dipendevano dai suoi ordini *giurati della fede cattolica*; essi prestavano un giuramento, la cui formola fu rinvenuta nel suo portafogli quando venne ucciso, e che merita di esservi integralmente riferita:

Promettiamo e giuriamo di sempre difendere con l'effusione del sangue Iddio, il sommo pontefice Pio IX, Francesco II, re del regno delle Due Sicilie, ed il comandante della nostra colonna degnamente affidatagli e dipendere da qualunque suo ordine, sempre pel bene dei sopranominati articoli; cosí Iddio ci aiuterà e ci assisterà sempre a combattere contro i ribelli della santa Chiesa. Promettiamo e giuriamo ancora di difendere gli stendardi del nostro re Francesco II a tutto sangue, e con questo di farli scrupolosamente rispettare ed osservare da tutti quei comuni i quali sono subornati dal partito liberale. Promettiamo e giuriamo inoltre di non mai appartenere a qualsivoglia setta contro il voto unanimamente da noi giurato, anche con la pena della morte che da noi affermativamente si è stabilita. Promettiamo e giuriamo che durante, il tempo della nostra dimora sotto il comando del prelodato nostro comandante distruggere il partito dei nostri contrari i quali hanno abbracciato le bandiere tricolorate sempre abbattendole con quel zelo ed attaccamento che l'umanità dell'intiera nostra colonna ha sopra espresso, come abbiamo dimostrato e dimostreremo tuttavia sempre con le armi alla mano, e star pronto sempre a qualunque difesa per il legittimo nostro re Francesco II. Promettiamo e giuriamo di non appartenere giammai per essere ammesso ad altre nostre colonne del nostro partito medesimo, sempre senza il permesso dell'anzi detto nostro comandante per effettuarsi un tal passaggio. Il presente atto di giuramento si è da noi stabilito volontariamente a conoscenza dell'intera nostra colonna tutta e per non vedersi più abbattuta la nostra santa Chiesa cattolica romana, della difesa del sommo pontefice e del legittimo nostro re.

Così abbracciare tosto qualunque morte per quanto sopra si è stabilito col presente atto di giuramento.

Capitolo Quarto

Carenza e disorganizzazione nella lotta contro il brigantaggio

[...] L'enumerazione di queste forze ci sembra valido argomento a persuadere che se si fosse trattato di una quistione militare essa sarebbe già da un pezzo composta e risoluta. Né per valore di certo, né per numero i briganti potrebbero nemmanco tentare di competere con soldati come sono i nostri; ma ai briganti sono sussidio efficace la stessa codardia e la stessa scarsezza numerica. La loro tattica è semplicissima: raro avviene che si adunino in grosse bande, perché sanno che allora torna assai agevole alla truppa di trovarle e di distruggerle. Non aggrediscono mai, e se aggrediti, fuggono sempre. Tendono agguati ed imboscate, quando hanno la certezza del sicuro scampo e della sovrabbondanza numerica sui soldati. Assalgono quando sono in proporzione di cinque o più contro uno. Non ci è esempio che abbiano mai osato aggredire una compagnia di soldati. Predare, uccidere, fuggire, stancare la truppa il più che è possibile, questa e non altra è la strategia dei briganti.

I soli artifizi militari che adoperano sono quelli che vengono suggeriti dall'istinto; hanno vedette, e quando vanno a cavallo dispongono alcuni di essi a modo di fiancheggiatori. Maneggiano le armi con poco accorgimento, e le scariche dei loro fucili tornano soventi volte innocue. Raro è che abbian l'ardimento di combattere corpo a corpo; e profittano abilmente della conoscenza che hanno dei più lievi accidenti di terreno per scegliere le posizioni dove più facilmente offendendo più difficilmente possano essere offesi. Non é vero che tutti vadano a morte con coraggio; ciò è avvenuto in taluni casi, ma non è la regola generale; a meno che si voglia confondere la stupidità con lo stoicismo, il forte disprezzo della vita con la freddezza dell'abbrutimento. Per la massima parte vigliacchi, posseggono tutti gli attributi della vigliaccheria, e massimo tra essi la ferocia. Noi non vogliamo funestarvi, o signori, con la narrazione delle atrocità che i briganti commettono sugli infelici che cadono nelle loro mani. Più che opera di creature umane sembrano essere quelle di cannibali e di belve selvaggie. Talvolta l'immanità di taluno di essi è giunta al segno da fare inorridire gli stessi compagni, e ci si è narrato il caso di un Cerritacchio, che lo stesso Caruso fece ammazzare, perché aveva torturato con ogni maniera di strazio un misero fanciullo. Né la stessa morte della vittima appaga e stanca la ferocia dei masnadieri, i quali sfogano la libidine di sangue da cui sono invasati anche contro, cadaveri. I vilissimi tra loro sono i ferocissimi: tali sono un Coppa che è con Crocco, un Varanelli che è con Caruso. Fra meno sitibondi di sangue sono Schiavone e Coppolone. Sono rotti ad ogni lascivia e turpitudine, pronti ad ogni delitto: bevono il sangue, mangiano le carni umane. Sono rozzi, superstiziosi, ignorantissimi; in generale non tagliano mai i fili dei telegrafi elettrici, ma alle volte è avvenuto che recidessero alcuno dei fili e non tutti, dicendo di tagliare quelli che servono a Vittorio Emanuele e non quelli che servono a Francesco II.

I capi sono per la maggior parte fuggiti dalle carceri e dalla galera. Caruso, di Torre Maggiore, era un pastore del principe di Sansevero; sostenuto in carcere per delitti comuni ebbe agio di scappare e si diede in campagna. Ninco-Nanco è un miserabile contadino di Avigliano, il quale custodiva private proprietà nel bosco di Lagopesole: fu condannato nel 1856 per omicidio; scappò dalle carceri nel 1860; andò a Napoli a presentarsi al generale Garibaldi;

Gli fu ingiunto di tornare in paese, ed allora si diede in campagna. Crocco, nativo di Rionero, era vaccaro: fece parte dell'esercito borbonico; perseguitato dalla giustizia prima del 1860, in quell'epoca si ebbe il gran torto di ammetterla nelle fila degl'insorti per la causa della libertà, e sperava l'impunità; ma quando seppe che gli si spiccava contro il mandato di cattura si diede a fare il reazionario ed il brigante. Arrestato e tradotto nelle carceri di Cerignola trovò mezzo di fuggire. Coppa da San Fele in Basilicata, è uno sbandato. Paolo Serravalle, di Mangone, in Calabria Citeriore, è un omicida scappato due volte dalle galere. Tortora, di Ripacandida, è uno sbandato. Masino, da Marsico Vetere, è anch'egli uno sbandato. Pilone era un mastro scarpillino di Bosco Tre Case, che per dissidi avuti col capo urbano di quel paese fu posto in carcere; poi liberato per la protezione del capitano Caracciolo. Nel 1860 seguì l'esercito borbonico in Sicilia, e poi reduce in patria si mise in relazione, per mezzo dei Comitato borbonici, con Francesco II, ed organizzò la comitiva che per mesi e mesi ha infestato le vicinanze del Vesuvio e di Napoli. Altri capi di piccole e sanguinarie comitive sono ed erano Nicandruccio, Nicandrino, il principe Luigi, Mangiacavallo, Orecchiomozzo, Bruciapaese: orrendi nomi di più orrendi uomini. Le fattezze morali di questi ribaldi sono le stesse: essi sono i Mammone, i Rodio, i De Cesare, i Fra' Diavolo dell'epoca nostra; degni in tutto e per tutto dei loro antecessori; marescialli in pectore di Francesco II, vera immondizie di plebe. [...]

[...] Le località predilette dai briganti sono le rive boscose dell'Ofanto e del Fortore. Dalle prime Infestano il circondario di Melfi in Basilicata, quello di Sant'Angelo dei Lombardi in Principato Ulteriore, quelli di Altamura e di Barletta in Terra di Bari, quelli di Foggia e di Bovino in Capitanata. Dalle seconde il circondario di Sansevero e la regione garganica in Capitanata, la provincia di Benevento e il circondario di Larino nel contado di Molise. Crocco con Coppa e Sacchitiello è sull'Ofanto; va di tratto in tratto a raggiungerlo Ninco-Nanco, la cui stanza è il bosco di Lagopesole. Schiavone corre dal vallo di Bovino al circondario di Ariano e nel Beneventano. Caruso con Varanelli è sul Fortore, e di là talvolta solo, talvolta con altre bande fa scorrerie nella pianura di Capitanata, nelle falde del Gargano, nel Molise e nel Beneventano. Coppolone e Serravalle si aggirano nel circondario di Matera in Basilicata, e di là stendono le loro scorrerie verso la marina dell'Ionio fino al bosco di Ginosa. Tortora è nel bosco di Ripacandida...

I boschi di San Cataldo, di Montemilorie ed altri in Basilicata sono ricovero frequente di briganti. Il piccolo bosco dell'Incoronata tra Foggia e Cerignola fu pure per molto tempo la base delle loro operazioni. Traevano le provvisioni da Foggia e da Manfredonia, facevano le loro scorrerie, e quindi celavano uomini e cose in quel bosco. Pizzichicchio si ricovera nel bosco di Martano in Terra d'Otranto, e di là fa scorrerie nelle terre circostanti. In provincia di Salerno vi è la banda di Tardio nel circondario di Vallo, quelle di Ricci e di Marcantonio nel circondario di Campagna. Nel circondario di Vasto, in provincia di Chieti, vi è la comitiva di Pizzolungo, che si ricovera abitualmente nel bosco Petacciato. Nella provincia di Terra di Lavoro vi sono gli avanzi della banda di Maccarone. Nelle parti montuose di questa provincia confinanti con quella di Avellino s'aggira una piccola banda, di cui sta e capo un Piciocchi, la quale si mostra talvolta presso Monteforte nel circondario di Avellino. Nell'Abruzzo teramano, nell'aquilano sono malviventi qua e là sparsi, non vere bande, tranne ben inteso quelle che fanno irruzione dalla frontiera romana. Nella provincia di Reggio in Calabria non è brigantaggio di sorta. Nelle altre due Calabrie (la provincia di Cosenza e quella di Catanzaro) le proporzioni del brigantaggio sono di poco momento.

Nel Gargano parimente qua e là si annidano a due, a tre, a sei, parecchi malandrini. Il grosso delle bande adunque si aggira sulle rive dell'Ofanto e del Fortore, ed è composto da quelle a cavallo. Una determinazione precisa del loro numero sarebbe impossibile.

Ogni capobanda ha attorno a sé un nucleo da 15 a 20 persone, al quale si aggiungono eventualmente in vario numero i briganti di occasione; sicché non di rado i 20 diventano 100 in modo quasi istantaneo. Nell'agguato teso in marzo scorso ad un distaccamento di cavalleggieri di Saluzzo i briganti assommavano ad un centinaio, ed erano le bande riunite di Crocco, di Gioseffo da Barile, di Coppa, di Ninco-Nanco e forse anche di altri. Parecchi dei capobanda poc'anzi nominati sono rimasti chi con dieci, chi con sette e chi anche con tre soli seguaci. Nel valutare anche approssimativamente le forze numeriche del brigantaggio non vanno dimenticati i briganti avventizi, i ladri comuni, il cui numero trovasi notevolmente accresciuto. Nelle località travagliate dal flagello del brigantaggio si avvera lo stesso fenomeno che succede in quelle afflitte da qualche epidemia; come in questa tutte le malattie pigliano la forma della epidemia regnante, così in quelle tutti i delitti partecipano alla forma di brigantaggio. [...]

[...] Ma quali possono essere i provvedimenti che debbono adoperarsi per liberare il mezzodì della nostra Penisola dal brigantaggio? Lo scioglimento di questo problema è l'ultima parte del mandato che vi piacque affidarci, e quindi dopo avervi esposto il risultamento delle nostre indagini intorno alle cagioni del brigantaggio ed alle sue attuali condizioni, ci corre ora il debito di dichiararvi quali abbiano ad essere, a nostro giudizio, i provvedimenti ed i rimedi,

La classificazione delle cause del male racchiude la evidente indicazione di cotesti provvedimenti e rimedi, i quali è mestieri sieno rivolti a rimuovere le cause predisponenti, a combattere le cause che hanno determinato la recente manifestazione del doloroso fenomeno, ed a mutare in cause di guarigione quelle che oggi più alimentano il male. Laonde fra i rimedi è d'uopo distinguere quelli la cui azione deve schiantare il male dalle radici, e quelli che devono dileguare il fenomeno attuale. La pratica di alcuni provvedimenti spetta al potere esecutivo, ed a noi basterà suggerirli; laddove altri debbono avere una indole legislativa, e richieggono la cooperazione e la sanzione di tutti i poteri dello Stato.

Vittorio Emanuele II

VITTORIO EMANUELE II
Per grazia di Dio e per volontà della nazione
RE D'ITALIA

Il Senato e la Camera dei Deputati hanno approvato,
Noi abbiamo sanzionato e promulghiamo quanto segue:

Art. 1. Fino al 31 dicembre corrente anno nelle Provincie infestate dal brigantaggio, e che tali saranno dichiarate con Decreto Reale, i componenti comitiva o banda armata composta almeno di tre persone, la quale vada scorrendo le pubbliche vie o le campagne per commettere crimini o delitti, ed i loro complici, saranno giudicati dai Tribunali Militari, di cui nel libro II, parte II del Codice Penale Militare, e con la procedura determinata dal capo III del detto libro.

Art. 2. I colpevoli del reato di brigantaggio, i quali armata mano oppongono resistenza alla forza pubblica, saranno puniti colla fucilazione, o co' lavori forzati a vita concorrendovi circostanze attenuanti. A coloro che non oppongono resistenza, non che ai ricettatori e somministratori di viveri, notizie ed ajuti di ogni maniera, sarà applicata la pena de' lavori forzati a vita, e concorrendovi circostanze attenuanti il maximum de' lavori forzati a tempo.

Art. 3. Sarà accordata a coloro che si sono già costituiti o si costituiranno volontariamente nel termine di un mese dalla pubblicazione della presente legge la diminuzione da uno a tre gradi di pena. Tale pubblicazione dovrà essere fatta per bando in ogni Comune.

Art. 4. Il Governo avrà pure facoltà, dopo il termine stabilito nell'articolo precedente, di abilitare alla volontaria presentazione col beneficio della diminuzione di un grado di pena.

Art. 5. Il Governo avrà inoltre facoltà di assegnare per un tempo non maggiore di un anno un domicilio coatto agli oziosi, a' vagabondi, alle persone sospette, secondo la designazione del Codice penale, non che ai camorristi, e sospetti manutengoli, dietro parere di Giunta composta del Prefetto, del Presidente del Tribunale, del Procuratore del Re, e di due Consiglieri Provinciali.

Art. 6. Gl'individui, di cui nel precedente articolo, trovandosi fuori del domicilio loro assegnato, andranno soggetti alla pena stabilita dall'alinea 2 dell'articolo 29 del Codice Penale, che sarà applicata dal competente Tribunale Circondariale.

Art. 7. Il Governo del Re avrà facoltà di istituire compagnie o frazioni di compagnie di Volontari a piedi od a cavallo, decretarne i regolamenti, l'uniforme e l'armamento, nominarne gli ufficiali e bassi ufficiali ed ordinarne lo scioglimento. I Volontarii avranno dallo Stato la diaria stabilita per i Militi mobilizzati, il Governo però potrà accordare un soprassoldo, il quale sarà a carico dello Stato.

Art. 8. Quanto alle pensioni per cagione di ferite o mutilazioni ricevute in servizio per la repressione del brigantaggio, ai Volontari ed alle Guardie Nazionali saranno applicate le disposizioni degli art. 3, 22, 28, 29, 30 e 32 della Legge sulle pensioni militari del 27 giugno 1850. Il Ministero della Guerra con apposito regolamento stabilirà le norme per accertare i fatti che danno luogo alle pensioni.

Art. 9. In aumento del Capitolo 95 del bilancio approvato pel 1863, è aperto al Ministero dell'Interno il credito di un milione di lire per sopperire alle spese di repressione del brigantaggio.

Ordiniamo che la presente, munita del Sigillo dello Stato, sia inserita nella Raccolta ufficiale delle Leggi e de' Decreti del Regno d'Italia, mandando a chiunque spetti di osservarla e di farla osservare come legge dello Stato.

Data a Torino addì 15 Agosto 1863.

VITTORIO EMANUELE

U. PERUZZI

VITTORIO EMANUELE II
Per grazia di Dio e per volontà della nazione
RE D'ITALIA

Vista la legge in data del 15 corrente mese, n° 1409;
Sentito il Consiglio dei Ministri;
Sulla proposta del Nostro Ministro Segretario di Stato per gli Affari dell'Interno,
Abbiamo decretato e decretiamo:
Articolo unico.

La dichiarazione di che all'art. 1° della Legge suddetta è fatta per le Provincie di Abruzzo Citeriore, Abruzzo Ulteriore II, Basilicata, Benevento, Calabria Citeriore, Calabria Ulteriore II, Capitanata, Molise, Principato Citeriore, Principato Ulteriore e Terra di Lavoro.

Ordiniamo che il presente Decreto, munito del Sigillo dello Stato, sia inserto nella Raccolta ufficiale delle Leggi e dei Decreti del Regno d'Italia, mandando a chiunque spetti di osservarlo e di farlo osservare.

Dato a Torino addì 20 agosto 1863.

VITTORIO EMANUELE

U. PERUZZI

VITTORIO EMANUELE II
Per grazia di Dio e per volontà della nazione
RE D'ITALIA*

Veduto l'art. 5 della Legge 15 agosto 1863;
Sulla proposizione del Ministro dell'Interno:
Abbiamo determinato e determiniamo
Articolo unico.

Per l'esecuzione dell'art. 5 della Legge 15 agosto 1863 è approvato l'annesso Regolamento vidimato d'ordine Nostro dal Ministro Segretario di Stato per gli affari dell'Interno.

Ordiniamo che il presente Decreto, munito del Sigillo dello Stato, sia inserto nella Raccolta ufficiale delle Leggi e dei Decreti del Regno d'Italia, mandando a chiunque spetti di osservarlo e di farlo osservare.

Data a Torino, addì 25 agosto 1863.

VITTORIO EMANUELE

U. PERUZZI

* N° 1424 della Raccolta Ufficiale delle Leggi e dei Decreti del Regno d'Italia contiene il succitato decreto

Regolamento

PARTE PRIMA

Designazione e invio al luogo del domicilio coatto.

Art. 1. Gli oziosi, vagabondi, le persone sospette, i camorristi e sospetti manutengoli colpiti a termini dell'art. 5 della Legge 15 agosto 1863, dal provvedimento del domicilio coatto, saranno inviati nei luoghi designati dal Ministero dell'Interno.

Art. 2. Il parere della Giunta che a termini del suddetto articolo di Legge dichiara applicabile ad un individuo la misura del domicilio coatto sarà trasmesso al Ministero dell'Interno.

Staranno a corredo di questo parere documenti constatanti:

1. Il nome, il cognome, l'età, la patria, la condizione di famiglia, la professione dell'individuo ed i mezzi di sussistenza che egli abbia, o che rimangano alla sua famiglia:

2. La classe alla quale è annoverato secondo le designazioni fatte dal succitato art. 5 della Legge, vale a dire se riconosciuto come ozioso, o vagabondo, o persona sospetta o camorrista, o sospetto manutengolo;

3. Gli estratti di condanne criminali o correzionali, alle quali già sia stato sottoposto.

Art. 3. Il Ministero dell'Interno a seconda delle risultanze di questi documenti determina il luogo in cui l'individuo deve soggiacere al domicilio coatto.

Art. 4. La sua traduzione al luogo fissatogli per domicilio, in conformità dell'art. 3, sarà dal Prefetto della provincia, in conseguenza degli ordini ricevuti dal Ministero dell'Interno, affidata alla forza pubblica.

Art. 5. Il Prefetto curerà che il trasporto al luogo designato abbia per quanto è possibile effetto simultaneamente per parecchi individui.

Provvederà però sempre che il trasporto segua in modo sicuro e tale da evitare qualunque tentativo o pericolo di evasione.

Art. 6. Alla forza pubblica che riceve in consegna il detenuto sarà in un con esso rimesso un estratto dei documenti di cui all'art. 2 del presente Regolamento.

Art. 7. La forza pubblica incaricata dell'accompagnamento di un individuo o di più individui al luogo di domicilio coatto, deve presentarli all'Autorità locale incaricata dal Governo di riceverli e consegnare alla medesima i documenti accennati nell'articolo precedente.

Art. 8. L'Autorità suaccennata lascia ricevuta alla forza pubblica sia dell'individuo che dei documenti che lo riguardano.

Art. 9. Questa ricevuta sarà dalla forza consegnata al Prefetto dal quale emanò l'ordine della traduzione.

Art. 10. Ciaschedun ufficio di prefettura terrà apposito registro nel quale dovrà risultare:

1. Del nome, cognome, patria, professione, età, condizione di famiglia d'ogni individuo contro il quale fu determinato il domicilio coatto;

2. La data della decisione della Giunta che pronunciò il parere col nome dei costituenti la Giunta stessa;

3. Il genere d'imputazione fatta, secondo la classificazione apparente dall'art. 5 della legge 15 agosto 1863;

4. La data della determinazione ministeriale, ed il luogo dal Ministero fissato per la dimora coatta;

5. La data della consegna per la traduzione;

6. La data della ricevuta dell'individuo e dei documenti rilasciati dall'Autorità in conformità dell'art. 8 di questo Regolamento.

Art. 11. Un estratto di questo registro a cura dell'ufficio di prefettura sarà, entro il periodo di giorni dieci dal giorno in cui avrà ritirato la ricevuta di cui al numero 6 dell'articolo precedente, trasmesso al Ministero dell'Interno.

PARTE SECONDA

Polizia e disciplina.

Art. 12. L'individuo cui è assegnato il domicilio coatto rimane libero sotto l'osservanza delle seguenti discipline.

Art. 13. La sorveglianza degli individui cui è assegnato il domicilio coatto, sarà affidata agli Ufficiali di P. S. che saranno di ciò incaricati.
Il Governo provvederà a che il Delegato od altro Ufficiale a ciò prescelto abbia a sua disposizione una sufficiente forza pubblica.

Art. 14. Allora che l'individuo che deve sottostare al domicilio coatto è dalla forza pubblica presentato all'Autorità di cui all'articolo precedente, la medesima, colla scorta dei documenti che l'accompagnano, fa le volute annotazioni nell'apposito registro per guisa che ne emergano tutte le risultanze di cui all'articolo 10.

Lo munisce quindi di un estratto del presente Regolamento dal quale risultino gli obblighi a cui rimane sottoposto e le sanzioni nelle quali incorre contravvenendovi.

Lo diffida della sorveglianza alla quale è sottoposto, lo ammonisce a procacciarsi utile e stabile occupazione e gli aggiunge di dichiarare fra dieci giorni l'occupazione alla quale intende darsi e la località scelta a sua abitazione.

Art. 15. Se l'individuo non è in grado di trovare per sè immediatamente un alloggio, l'Ufficiale di P. S. farà che sia ricoverato nelle caserme od in altro luogo adatto.

Art. 16. Questa disposizione potrà in modo permanente essere applicata ai confinati che giustifichino il loro stato di assoluta indigenza.

Art. 17. I confinati, dopo l'ammessione alla vita libera nel luogo loro assegnato, non potranno assentarsi da quello, né oltrepassare i limiti che saranno fissati nel luogo medesimo dall'Ufficiale di P. S. d'accordo col Comandante la piazza o la guarnigione militare ivi stanziata.

Art. 18. I confinati non possono del pari esercitare il mestiere del barcaiolo, né valersi di barche per qualsiasi ragione.

Art. 19. I confinati dovranno far constare della loro presenza quante volte lo richiegga l'Ufficiale di P. S. e nel modo che sarà dallo stesso prescritto.

Art 20. È vietato ai confinati di vagare dopo un'ora di notte. Coloro che dovessero star fuori di casa oltre quell'ora per ragioni di negozio, di traffico, di lavoro o di occupazione dovranno riportarne l'autorizzazione scritta dall'Ufficiale di P. S.

Art. 21. L'Ufficiale di P. S. di concerto col Sindaco locale prenderà le particolari misure necessarie a garantire l'ordine e la pubblica sicurezza senza danneggiare la libertà degli altri abitanti del luogo. Egli concerterà del pari col Sindaco e col Comandante della piazza o guarnigione le consegne da farsi per iscritto alla forza armata per impedire le evasioni dei confinati, senza danneggiare ugualmente la libertà degli altri abitanti del luogo.

Art. 22. Se l'individuo soggetto al domicilio coatto è capo di famiglia gli individui della famiglia che ne dipendono, ossia il coniuge ed i figli, saranno autorizzati a recarsi presso di lui, qualora giustifichino avere i mezzi pel viaggio e per la propria sussistenza, e qualora non vi ostino ragioni di polizia.

Art. 23. Saranno titoli a speciali riguardi verso i soggetti a domicilio coatto l'attività al lavoro, la frequenza alle scuole che fossero istituite nel luogo e la condotta regolare.

Art. 24. Le prescrizioni degli articoli 112 e 113 della Legge di P. S. 13 novembre 1859 sono applicabili agli individui soggetti al domicilio coatto.

Art. 25. Le trasgressioni a queste prescrizioni saranno punite a tenore della stessa legge.

Art. 26. La decorrenza del domicilio coatto comincia dal dì in cui l'individuo fu consegnato dalla forza pubblica all'autorità competente.

Art. 27. Se l'individuo sia chiamato a comparire dinanzi a qualunque Giudice o Tribunale fuori del luogo del domicilio coatto, vi sarà tradotto dalla pubblica forza e depositato nelle pubbliche carceri.

Cessata la causa per cui fu chiamato sarà restituito nello stesso modo al luogo del domicilio coatto.

Art. 28. Il tempo passato in carcere per qualsiasi titolo non è computato in quello del domicilio cotto.

Art. 29. Saranno rassegnate al Ministero dell'Interno le domande di confinati per cambiamento di domicilio quando giustifichino di aver altrove assicurata stabile occupazione e presentino idonea garanzia di persona proba.

Art. 30. Allorché l'individuo avrà compiuto il termine del domicilio coatto, sarà alla prima occasione inviato con foglio di via obbligatorio e con indennità di viaggio, se ne abbisogni, al luogo nel quale avrà dichiarato voler fissare la sua residenza.

Art. 31. In caso di morte di un individuo durante il di lui domicilio coatto si eseguiranno le leggi vigenti sullo stato civile, e se ne darà contemporaneo avviso al Ministero dell'Interno.

Art. 32. Allo scadere d'ogni trimestre sarà trasmessa dall'Ufficiale di P. S. al Ministero dell'Interno lo stato di presenza con indicazione della condotta mantenuta da ciascun confinato, e delle punizioni disciplinari alle quali fu sottoposto.

Il Delegato rende pure ogni trimestre al Ministero dell'Interno un conto generale, morale, economico, statistico per tutti i rami di servizio a lui affidati col presente Regolamento, e nel modo che gli sarà indicato dal Ministero medesimo.

PARTE TERZA

Disposizioni economiche

Art. 33. Se l'individuo soggetto al coatto domicilio non si trovi per causa a lui non imputabile in grado di procacciarsi la sussistenza, il Governo potrà accordargli un giornaliero sussidio od in natura od in danaro a seconda dei casi, dentro i limiti determinati dai regolamenti delle case di pena.

Art. 34. A cura del Governo saranno anche apprestati gli oggetti indispensabili di casermaggio, nei casi in cui, secondo gli articoli 15 e 16, e accordato al confinato l'alloggio.

Art. 35. La distribuzione dei sussidi e la conservazione degli oggetti di casermaggio somministrati dal Governo sono affidate all'Ufficiale di P. S. il quale vi provvederà secondo le norme che gli saranno tracciate dal Ministero dell'Interno.

Torino, addì 25 agosto 1863.

Visto d'ordine di S. M.

Il Ministro dell'Interno
U. PERUZZI

VITTORIO EMANUELE II
Per grazia di Dio e per volontà della nazione
RE D'ITALIA

Veduto l'art. 7 della Legge 15 agosto 1863, n. 1409;
Sulla proposizione del Ministro dell'Interno:
Abbiamo determinato e determiniamo
Articolo unico.

Per l'esecuzione dell'art. 7 della Legge 15 agosto 1863, n. 1409 è approvato l'annesso Regolamento vidimato d'ordine Nostro dal Ministro Segretario di Stato per gli affari dell'Interno.

Ordiniamo che il presente Decreto, munito del Sigillo dello Stato, sia inserto nella Raccolta ufficiale delle Leggi e dei Decreti del Regno d'Italia, mandando a chiunque spetti di osservarlo e di farlo osservare.

Data a Torino, addì 30 agosto 1863.

VITTORIO EMANUELE

U. PERUZZI

N° 1433 della Raccolta Ufficiale delle Leggi e dei Decreti del Regno d'Italia contiene il succitato

Regolamento

Per la formazione di squadre d'uomini a piedi ed a cavallo per la repressione del brigantaggio.

Art. 1. Occorrendo in qualche provincia del Regno di valersi della facoltà conceduta al Governo dall'articolo 7 della Legge 15 agosto 1863, n. 1409, per la repressione del brigantaggio, il Ministro dell'Interno su richiesta del Prefetto, il quale sentirà il Comandante della zona, potrà decretare l'impiego di squadre di uomini a piedi od a cavallo che volontariamente si offrono ad un tale servizio.

Art. 2. La forza di una squadra non potrà eccedere i trenta uomini né essere inferiore a dieci.

Art. 3. Le squadre saranno date in sussidio alla forza delle stazioni dei Carabinieri e poste sotto l'immediata dipendenza del Comandante la stazione.

Però tra gli uomini della squadra potrà essere nominato un sergente e per ogni dieci uomini un caporale.

La nomina di detti graduati spetta al Prefetto.

Art. 4. Le condizioni di ammessione nelle squadre sono le seguenti:

1. Età dagli anni 18 ai 35;

2. Costituzione sana e robusta;

3. Fede di perquisizione netta da condanna per crimini o delitti;

4. Attestato di buona condotta dell'Autorità Municipale e dei R. Carabinieri;

Saranno però prescelti di preferenza i guardiani, i cacciatori, i guardaboschi e pastori.

Sull'avviso favorevole del Comandante dell'Arma dei R. Carabinieri potranno essere ammessi individui al dissopra di trentacinque anni.

Art. 5. La ferma non potrà essere maggiore di tre mesi.

Art. 6. Ogni individuo che fa parte d'una squadra a piedi godrà, per diana L. 0 73 e soprassoldo L. 1 27 e così in totale L. 2.

Il sergente avrà di più L. 0 75 ed il caporale L. 0 25, né avranno altre competenze.

Gl'individui che fanno parte delle squadre a cavallo avranno per diana L. 0 73 e per soprassoldo L. 4 27 e così in totale L. 5 al giorno.

Il sergente avrà di più cent. 75 e cent. 23 il caporale, né avranno altre competenze né per sè, né per i cavalli.

Art. 7. Gli uomini a cavallo devono provvedersi i cavalli e mantenerli a loro spese.

Se la razione di foraggio è data in natura per cura dei Municipi, sarà calcolata una lira.

Art. 8. Ciascun uomo ha dritto a queste competenze dal giorno che contrae la ferma, sino a quello in cui la ferma cessa.

Art. 9. Le paghe sono corrisposte posticipatamente per ogni decade.

Art. 10. Il Comandante dell'Arma dei Carabinieri R. del circondario presenterà al Prefetto o SottoPrefetto, il giorno primo d'ogni decade, lo stato nominativo da lui vidimato degl'individui, coll'indicazione della stazione e distaccamento militare a cui sono assegnati e delle giornate di presenza alla cui paga han dritto.

I Prefetti sul credito loro, aperto per tale effetto porranno a disposizione dei SottoPrefetti i fondi necessari per eseguire le paghe a tempo debito.

I SottoPrefetti regolano mensilmente i conti col Prefetto.

Art. 11. Per gli alloggi delle squadre si osserverà il disposto dai veglianti regolamenti sugli alloggi militari.

Art. 12. Gli uomini infermi saranno ricoverati negli ospedali civili a richiesta del Comandante la stazione dei Carabinieri Reali, o del distaccamento a cui è addetta la squadra.

Le giornate di presenza all'ospedale sono pagate sul loro soldo, gli uomini a cavallo solamente avran dritto alla rimanenza.

Art. 13. Il vestire degli uomini, così a piedi come a cavallo, è a loro spese e sarà uniforme per tutte le squadre della Provincia e determinato dal Prefetto, il quale curerà di renderlo comodo e di tenue spesa, secondando le abitudini ed i costumi del paese.

I distintivi del grado di sergente o caporale saranno simili a quelli dei bersaglieri.

Art. 14. L'armamento è il seguente:

Un fucile con baionetta.

Giberna con centurino.

Gli uomini a cavallo si muniranno di sciabola a loro spese.

Art. 15. Le munizioni saranno provviste dal Governo per cura dei Prefetti.

Art. 16. Gli uomini appartenenti alle squadre così formate in conseguenza dell'art. 7 della legge 15 agosto 1863, saranno, in quanto alla disciplina e per i reati da loro commessi, sottoposti alla giurisdizione militare della zona in cui si trovano in servizio e puniti in conformità delle leggi militari.

Essi debbono ubbidienza e subordinazione ai graduati dell'arma dei Reali Carabinieri e dei Comandanti della milizia regolare sotto cui si trovano.

Le mancanze alla disciplina saranno punite dal Comandante la Luogotenenza dell'arma o dall'Ufficiale militare cogli arresti.

Sulla proposta dello stesso Comandante potranno anche dal Prefetto o SottoPrefetto essere punite colla perdita del soprassoldo per un tempo da due a dieci giorni, o col licenziamento immediato.

Art. 17. Gli uomini arruolati a norma del presente hanno diritto alle pensioni per cagioni di ferite o mutilazioni ricevute in servizio, secondo il disposto dell'art. 8 della legge 15 agosto 1863, n. 1409.

Art. 18. Lo scioglimento delle squadre avrà luogo per Decreto del Ministro dell'Interno.

Però in caso d'urgenza il Prefetto stesso potrà ordinarlo riferendone al Ministro.

Torino, addì 30 agosto 1863.

Visto d'ordine di S. M.

Cappella de' Minutoli nella Cattedrale di Napoli

Arco di Trionfo di Alfonso primo in Napoli

Ospedale militare di Girgenti in Sicilia

Veduta del Bosco di Caserta nella Provincia di Napoli

Cappella Reale di Palermo in Sicilia

Le Catacombe della Chiesa di S. Giovanni in Siracusa

Sepolcri dei Fratelli Sanseverino in Napoli

Vestibolo Principale del Novo Edifizio di S. Giacomo in Napoli

Cappella de' Caraccioli in S. Giovanni a Carbonara in Napoli

Porta Capuana in Napoli

Campanile e cortile di S. Chiara in Napoli

Palermo, interno della Zisa

Veduta dell'Etna in Sicilia

Veduta dell'Orto Botanico di Napoli

Osservatorio Astronomico di Napoli

Veduta della Cattedrale di Siracusa in Sicilia

Veduta della Città di Cosenza Capoluogo della Calabria Citeriore

Veduta della Bagheria nelle vicinanze di Palermo in Sicilia

INDICE

Finito di stampare nel mese di ottobre 200
da Mediagraf S.p.A. - Noventa Padovana (P
per conto di Capone Editore (Via Prov.le Lecce-Cavallino,
Edizioni del Grifo (Via V. Monti, 18 - Lecc